글 | 정설아

중앙대 대학원에서 문예창작을 공부하였으며, 〈황금 깃털〉로 제 8회 마해송문학상을 받으며 동화작가가 되었어요.
EBS 유아프로그램 '천사랑'의 작가로 활동하였고, 동화모임 '꿈꾸는 꼬리연'에서 여러 그림책과 동화책을 냈지요.
지금은 어른과 어린이가 모두 재미있게 읽을 수 있는 이야기를 짓고 있답니다.
지은 책으로는 《게임의 법칙》, 《나 오늘 일기 뭐 써》 등이 있어요. 이번에 쓴 《옛날 옛적 할머니 할아버지는
이렇게 살았지》는, 우리나라에서 예로부터 전해지는 아주 특별한 시간 이야기를 담은 책으로,
우리 문화를 잘 몰랐던 친구들에게 즐거운 배움의 터가 되기를 바라는 마음을 담고 있답니다.

그림 | 이윤희

홍익대학교와 대학원에서 동양화를 전공하였습니다.
그린 책으로는 《좁쌀 반 됫박》, 《옛날옛적 공주와 왕자는 궁궐에서 살았지》 등이 있고,
쓰고 그린 책으로는 《걷다 보면》이 있습니다.

얼쑤! 재미있는 열두 달 **세시풍속 이야기**

옛날 옛적 할머니 할아버지는 이렇게 살았지

초판 1쇄 발행 | 2017년 7월 7일

개정판 1쇄 발행 | 2020년 10월 22일
개정판 2쇄 발행 | 2023년 5월 19일

글쓴이 | 정설아
그린이 | 이윤희

펴낸이 | 김은선
펴낸곳 | 초록아이
주소 | 경기도 고양시 일산서구 주화로 180 월드메르디앙 404호
전화 | 031-911-6627 팩스 | 031-911-6628
등록 | 2007년 6월 8일 제 410-2007-000069호
ISBN 978-89-92963-69-5 77380

*잘못된 책은 바꾸어 드립니다.
*책 값은 책 뒤에 있습니다.

초록아이는 푸름이닷컴(www.purmi.com)에서 만든 어린이 지식책 출판사입니다.

얼쑤! 재미있는 열두 달
세시풍속 이야기

옛날 옛적 할머니 할아버지는 이렇게 살았지

글 정설아 | 그림 이윤희

🐝 이 책은 윤달이 들어가는 2023년의 달력을 기준으로 만들었습니다.

얼쑤! 재미있는 열두 달
세시풍속 이야기

옛날 옛적 할머니 할아버지는 이렇게 살았지

글 정설아 | 그림 이윤희

초록아이

차례

1월
까치까치 설날 • 12
음력 1월 1일, 설날이 궁금해 • 14
더위 파는 정월 대보름 • 20
음력 1월 15일, 정월 대보름이 궁금해! • 22

2월
놀고 먹는 머슴날 • 30
음력 2월 1일, 머슴날이 궁금해! • 32
추워지는 영등날 • 34
음력 2월 1일, 영등제가 궁금해! • 36

3월
제비 오는 삼짇날 • 42
음력 3월 3일, 삼짇날이 궁금해! • 44
성묘 가는 한식 • 46
동지 후 105일째 되는 날, 한식이 궁금해! • 48

4월
연등 다는 초파일 • 54
음력 4월 8일, 초파일이 궁금해! • 56

5월
머리 감는 단오 • 62
음력 5월 5일, 단오가 궁금해! • 64

6월
물놀이 하는 유두 • 74
음력 6월 15일, 유두가 궁금해! • 76

7월
비 오는 칠석 • 84
음력 7월 7일, 칠석이 궁금해! • 86
머슴도 쉬는 백중 • 88
음력 7월 15일, 백중이 궁금해! • 90

8월
즐거운 한가위 • 96
음력 8월 15일, 한가위가 궁금해! • 98

9월
국화꽃 피는 중양절 • 106
음력 9월 9일, 중양절이 궁금해! • 108

10월
오손도손 김장날 • 114
음력 10월에 하는 김장이 궁금해! • 116

11월
팥죽 먹는 동지 • 124
음력 11월 5일, 동지가 궁금해! • 126

12월
마지막 날 섣달그믐 • 132
음력 12월 마지막 날, 섣달그믐이 궁금해! • 134

1월

1월

일	월	화	수	목	금	토
1	2	3	4	5	6	7
8	9	10	11	12	13	14
15	16	17	18	19	20	21
22 설날 음 1.1	23	24	25	26	27	28
29	30	31				

2023년 기준의 달력이에요.

2월

일	월	화	수	목	금	토
			1	2	3	4 입춘 음 1.14
5 정월대보름 음 1.15	6	7	8	9	10	11
12	13	14	15	16 음 1.26	17	18
19 우수 음 1.29	20	21	22	23	24	25
26	27	28				

1월은 새로운 해가 시작되는 달이에요.
음력 1월에는 새해의 첫날인 설날과
첫 보름달이 뜨는 정월대보름이 있어요.
우리 조상들은 윷놀이, 연날리기 등 즐거운 놀이와
맛있는 음식으로 새해, 새날을 기쁘게 맞이했답니다.

연의 시작

연은 신라 시대 진덕 여왕 때(647년), 김유신 장군이 군사들을 안정시키고 백성들의 마음을 잡기 위해 날렸다고 해요. 불을 지른 허수아비를 연과 함께 하늘로 날려 보냈는데, 별이 하늘로 솟아오르는 것처럼 보였대요.

새봄아, 우리 누구 연이 더 높이 나는지 내기 할까?

까치까치 설날

오늘은 즐거운 설날이에요.
밤새 소록소록 눈이 내렸어요.
장독대도, 마당도, 기와지붕도
모두 새하얀 이불을 덮었지요.
잠꾸러기 새봄이도 일찍 일어났어요.

설날의 다른 이름

한 해의 첫날이라는 의미로 '원일', '세수'라고 했어요. 또 한 해 동안 잘 지내기를 바라며 조심하는 날의 뜻으로 '신일'이라고도 했대요.

"엄마 아빠, 세뱃돈 주세요!"

엄마 아빠는 설 차례상을 차렸어요.
새봄이는 한복을 곱게 입고는
부모님께 넙죽 엎드렸지요.
"새해 복 많이 받으세요!"
"야, 세배는 차례 마치고 하는 거야!"
새봄이는 오빠의 말을 듣는 둥 마는 둥
두 손을 엄마 아빠에게 내밀었답니다.

음력 1월 1일, 설날이 궁금해!

🌀 설날의 뜻은 '조심스러운 날'

설날의 '설'은 '낯설다', 또는 '조심하다'는 뜻을 담고 있어요. 조상님께 차례를 지내고, 웃어른들께 세배를 하며 좋은 말씀을 듣는 날이에요.

새해에도 건강하고 복 많이 받으렴!

설날을 '구정'이라고 하면 안 되겠구나!

🕯️ '구정'은 설날의 다른 이름?

양력 1월 1일을 '신정', 음력 1월 1일을 '구정'이라고도 불렀어요. 이것은 일제 식민지 하에서 일본이 우리의 전통을 깨뜨리고 설 명절을 없애기 위해서였어요. 그래서 '오래된 설'이라는 뜻의 '구정'이라는 말이 생겨난 거예요.

까치까치 설날은 어저께고요~

'까치'라는 말은 원래 '아치'라는 말이었대요. 아치는 작다라는 뜻의 순수한 우리말이에요. 섣달그믐, 그러니까 설 전날을 '작은 설날'이라는 뜻으로 '아치설'로 불렀지요. 그리고 '아치'가 '까치'가 되어 까치 설날이라는 말이 생겼다고 해요.

"음, 세뱃돈 대신 세배 떡도 괜찮은걸."

설에는 세뱃돈 대신 세배 떡!

우리나라는 예부터 웃어른께 세배를 하면 떡이나 음식 등을 나눠주었어요. 세뱃돈 주기는 중국에서 시작되었다고 해요.

복조리 달아놓기

설날에는 부엌 앞이나 벽에 복조리를 달아놓았어요. 조리로 쌀을 가려내듯, 복을 가려내라는 뜻이에요. 또 대문에는 나쁜 귀신을 쫓아내는 그림도 붙여 놓았답니다.

머리카락 태우기

할머니들은 빠진 머리카락을 모아 설 전날 밤에 문 밖에서 태웠어요. 그렇게 하면 나쁜 일을 물리칠 수 있다고 여겼지요.

 새 옷 입는 날!

설날에는 '설빔'이라고 불리는 새 옷을 입었어요. 옛날에는 생활이 넉넉지 않아도 설날만큼은 설빔을 만들어 입었답니다.

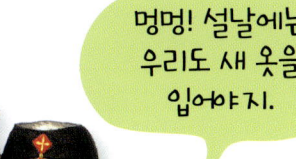

"멍멍! 설날에는 우리도 새 옷을 입어야지."

음력과 양력

음력은 달, 양력은 해가 움직이는 걸 보고 날짜를 매긴 거예요. 옛날 우리 조상들은 음력을 기준으로 살았어요. 그래서 전통 명절도 다 음력으로 따졌지요.
하지만 농사는 해가 움직이는 것에 따라 지었어요. 그래서 절기를 양력으로 따졌지요. 요즘은 전 세계 모두가 양력을 사용하고 있답니다.

맛있는 음식

떡국

설날의 대표 음식이에요. 쌀가루로 길게 빚은 가래떡을 엽전(옛날 돈) 모양으로 얇게 썰어 끓여 먹는 음식이지요. 옛날에는 꿩고기를 넣고 떡국을 끓였어요. 그런데 구하기 힘들 때는 닭을 넣고 끓이기도 했어요. 그때부터 '꿩 대신 닭!' 이란 말이 나왔답니다.

떡국은 가래떡처럼 길게 살고, 엽전 모양처럼 돈이 많이 들어오라는 마음으로 끓였어.

나 누구게? 히힛

만둣국

설날에는 대부분 떡국을 먹었어요. 하지만 북쪽 지방에서는 떡국 대신 만둣국을 먹기도 했어요. 만두는 밀가루 반죽을 동그랗고 얇게 밀어 속에 고기나 채소를 넣고 만들었어요. 찌거나 국을 끓여 먹었는데, 복을 싸서 먹는다는 뜻이 담겨 있답니다.

재미있는 놀이

윷이나 모 나와라!

윷놀이

반달 모양 나무 막대(윷이라 불러요) 4개를 던져서 말을 움직여 노는 놀이예요. 윷을 던져 뒤집어진 갯수에 따라 '도, 개, 걸, 윷, 모'로 나누었어요. 다섯 가지 경우가 있는데 도는 한 칸, 개는 두 칸, 걸은 세 칸, 윷은 네 칸, 모는 다섯 칸을 간답니다. 윷놀이로 그 해에 농사가 잘되는지 점을 쳤다고도 해요.

널뛰기

둥글게 만 짚단 위로 기다란 널빤지를 놓고 양쪽에서 번갈아 뛰는 놀이예요. 널뛰기는 보통 여자들이 뛰고 놀았어요. 밖에 돌아다니기 힘들었던 옛날 여인들에게는 운동이 되기도 했대요.

이번에는 더욱 높이 뛰어서 담장 밖도 구경해야지!

어디 한 번 해볼까?

세배하기

 남자　 여자

❶ 왼손이 위로 가도록 손을 가지런하게 포개요.

❷ 포갠 손을 눈높이까지 올렸다 내리며 허리를 굽혀요. 손을 바닥에 짚고, 왼쪽부터 무릎을 꿇고 앉아요.

❸ 윗몸을 앞으로 조금 굽혀 절을 한 후 몸을 일으켜요.

❹ 머리를 들고 팔꿈치와 다리를 펴며 모은 손을 바닥에서 떼고 일어나요. 그리고 가볍게 인사해요.

❶ 오른손이 위로 가게 손을 포개요. 그리고 팔꿈치와 함께 어깨 정도까지 올리고 고개를 숙여요.

❷ 왼쪽 무릎을 먼저 꿇고 오른쪽 무릎도 꿇으며 천천히 앉아요.

❸ 뒤꿈치에 엉덩이가 닿게 앉아 절을 해요.

❹ 오른쪽 무릎을 먼저 세운 후 일어나 손을 내리고 가볍게 인사를 해요.

윷놀이

 준비물: 윷, 윷말, 윷판

① 윷판을 그리고, 윷과 윷말을 준비해요.

② 편을 가른 후 순서를 정해 윷을 던지고, 엎어지는 모양에 따라 말을 나아가게 해요.

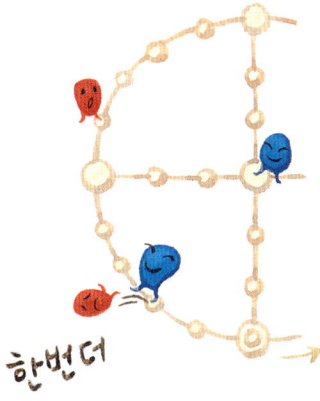

③ 다른 편의 말을 잡았을 때에는 한 번 더 던져요.

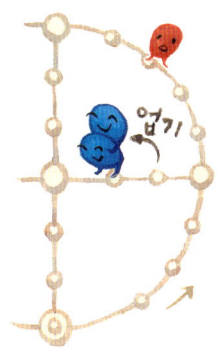

④ 두 번째 윷을 던진 후부터 다른 말을 출발시키거나 있던 말을 계속 나가게 해요. 말들을 업어 갈 수도 있답니다.

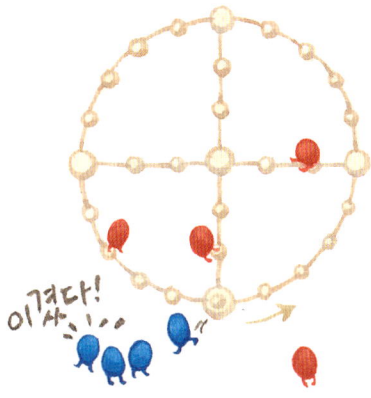

⑤ 4개의 말이 윷판을 모두 돌아 먼저 들어 오면 이겨요.

더위 파는 정월 대보름

새봄이네 옆집으로 동우네가 이사를 왔어요. 도시에 살던 동우는 전에 살던 아파트가 그리웠어요. 친구들도 무척 보고 싶었고요. 동우는 동생 동희에게 시골이 싫다며 투덜거렸어요.

그때, 열린 대문으로 이웃집 새봄이가 나타나
소리를 질렀어요. "내 더위 사가라!"
그러더니 뒤도 돌아보지 않고 사라져 버렸어요.
"더위를 사가라고? 더위를 어떻게 사냐!"
동우는 괜히 자기를 놀린 것 같아 화가 났어요.
그런데 웬일인지 온몸이 더워지는 것 같았답니다.

음력 1월 15일, 정월 대보름이 궁금해!

가장 큰 정월 대보름달

새해의 첫 보름달이면서 1년 중 가장 큰 보름달이 뜨는 날을 '대보름'이라 했어요. 이날은 풍년과 가족의 건강을 바라는 여러 행사를 치렀어요.

더위 팔아요, 더위!

정월 대보름날 아침에는 이웃 사람에게 더위를 팔았어요. 먼저 "내 더위 사가라!"고 말하면 그 해 여름을 덥지 않게 보낼 수 있다고 여겼어요.

대보름달에게 소원 빌기

대보름날 해가 저물기 시작하면 사람들은 달을 보려고 높은 곳으로 갔어요. 대보름달을 보며 소원을 빌면 그 소원이 이뤄진다고 믿었거든요.

이렇게 부럼을 깨물면 이도 튼튼해지지!

영양을 보충해주기 위해 땅콩이나 호두를 먹은 거래.

나쁜 귀신을 쫓아내는 부럼 깨기

대보름에는 호두나 땅콩처럼 껍질이 딱딱한 열매(부럼)들을 이로 깨물어 먹었어요. 이것을 '부럼 깨기'라고 했어요. 껍질을 깨뜨려 그 소리가 크면 클수록 나쁜 귀신들이 놀라 달아나고, '부스럼'이라는 피부병도 안 걸린다고 믿었어요.

신들에게 음식 올리기

대보름날에는 정성스럽게 준비한 음식을 집안 곳곳에 두었어요.
조왕신(부엌 신)이나 칠성신(장독대 신) 등 집안 구석구석에 있는 여러 신들에게 고마움을 나타냈던 거지요.

다함께 쥐불놀이

대보름날에는 쥐불놀이를 했어요.
긴 줄을 단 빈 깡통에 불을 붙인 나무 등을 넣어 빙빙 돌리는 놀이예요. 놀고 난 다음에는 논밭에 불을 놓아 농사에 해가 되는 나쁜 벌레 등을 없앴지요.

맛있는 음식

오곡밥

정월 대보름의 가장 대표적인 음식은 오곡밥이에요.
오곡밥은 찹쌀, 차좁쌀, 붉은팥, 검은콩, 찰수수
다섯 가지 곡물을 섞어 지은 밥이에요.

키키
내가 누굴까?

오곡밥을 백가반이라고 부르기도 했어. 백 집에 나눠 먹어야 복이 온다고 말이야.

나물

오곡밥과 함께 대보름에는 아홉 가지 나물을 먹었어요.
고사리, 버섯, 시래기, 토란대, 호박 등 말려 두었던 나물을
물에 불려 삶아 먹었답니다. 오곡밥과 여러 채소를 먹어
겨울에 부족한 영양분을 채우려고 했던 거예요.

소에게도 오곡밥과 나물을 주었어.
오곡밥을 먼저 먹으면 풍년이 들고,
나물을 먼저 먹으면
흉년이 든다고 생각했대.

정월대보름에는 나도
술을 먹을 수 있다고?
대체 무슨 맛일까?

귀밝이 술

대보름에는 아이도 마실 수 있는 '귀밝이술'이 있었어요.
이 술을 마시면 귀가 밝아지고 좋은 이야기에 귀를
기울일 수 있다고 믿었지요.

재미있는 놀이

연날리기, 줄다리기, 다리밟기

연에 나쁜 재앙이나 불행을 뜻하는 '액'이라는 한자를 적어 날리다가 연줄을 끊어 하늘로 날려 보냈어요. 그리고 좋은 일만 있기를 빌었지요.
또한 밤이 되면 마을 사람들이 모두 다리를 밟았어요. 나이만큼 다리를 밟고 지나가면 병이 생기지 않는다고 여겼지요.
볏짚으로 만든 줄로 이웃 마을과 줄다리기도 했어요. 이긴 마을은 풍년이 든다고 생각했거든요.

액막이연

어디 한 번 해볼까?
가오리연 만들기

준비물: 창호지(한지), 가는 대나무살 2개, 실, 얼레

❶ 그림과 같이 정사각형 모양으로 창호지를 오려 무늬를 그리고 색칠을 해요.

❷ 대나무살 하나를 세로로 길게 먼저 붙이고, 그 위에 다른 하나를 엇갈려 둥글게 붙여요.

❸ 양쪽 날개와 긴 꼬리를 붙여요.

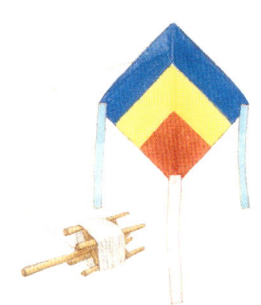

❹ 실을 연에 매고 얼레에 연결해서 날리면 돼요.

이 달의 절기

입춘 (양력 2월 4일경)

새해와 봄을 알리는 날로, 24절기 중 가장 처음에 와요. 날씨는 여전히 쌀쌀하지만 동쪽에서 불어오는 바람으로 꽁꽁 언 땅이 녹아요. 그리고 땅속에서 겨울잠을 자던 벌레들도 꼬물꼬물 움직이기 시작하고, 물고기도 얼음 밑을 돌아다닌답니다.

1. 행운을 비는 글을 붙여요

집집마다 대문이나 기둥에 '입춘대길, 건양다경' 등 한 해의 행운과 건강을 바라는 글귀를 적어 붙였어요.

"아, 추워. 오늘부터 봄인데 왜 이렇게 추워?"

2. 입춘 한파가 몰려와요

입춘에 갑자기 추워지면 '입춘 한파'라고 했어요. 매섭게 불어 닥친 추위가 따뜻한 봄을 시샘한다고 여겼지요.

3. 나무 소로 풍년을 빌어요

목우놀이는 함경도 지방에서 하던 놀이예요. 나무로 소를 만들어서 마을 곳곳을 끌고 다니며 농사가 잘되라고 빌었어요.

4. 오신반을 먹어요

맵고 자극적인 다섯 가지 채소로 반찬을 만들어 먹어요. 이것을 오신반이라 했지요. 지방에 따라 다르지만 주로 파, 마늘, 달래, 미나리 싹, 무 싹, 부추, 흥거(무릇) 등을 먹었어요. 살면서 찾아오는 여러 고통들을 이겨내라는 뜻의 음식이었답니다.

우수 (양력 2월 19일경)

눈이 비로 바뀐다는 뜻을 담고 있어요. 얼었던 땅이 녹고, 새싹들이 움트며, 봄을 알리는 따뜻한 비가 내리기도 한답니다.

1. 추위가 풀려요

우수는 얼어붙은 강물이 녹을 정도로 추위가 풀리는 날이에요. '우수 뒤의 얼음같이'는 우수가 지나 얼음이 스르르 녹아 없어진다는 뜻이에요.

2. 불을 놓아 병균을 없애요

식물의 병균이나 해충을 없애려고 논두렁이나 밭두렁에 일부러 불을 지르기도 했어요. 하지만 요즘은 산불이 일어날까봐 하지 않는답니다.

3. 우수는 봄을 알려주는 날이에요

우수는 예로부터 정월 대보름과 겹칠 때가 많아 기억하는 사람이 드물었어요. 하지만 우수가 봄이 오고 있음을 알려주는 날임은 잊지 않았지요.

> 따뜻한 비가 내리는 날, 우수! 기억해야지.

> 윽, 매워!

4. 신선한 채소를 먹어요

우수에는 입춘 때처럼 오신반과 같은 음식을 많이 먹었어요. 겨울에는 없는 신선한 채소들을 먹었던 거지요.

2월

3월

일	월	화	수	목	금	토
			1 음2.10	2	3	4
5	6 경칩 음2.15	7	8	9	10	11
12	13	14	15	16	17	18
19 음2.28	20	21 춘분	22 음윤2.1	23	24	25 음윤2.4
26	27	28	29	30	31 음윤2.10	

2월

일	월	화	수	목	금	토
			1	2	3	4 입춘 음1.14
5 정월대보름 음1.15	6	7	8	9	10	11
12	13	14	15	16 음1.26	17	18
19 우수 음1.29	20 음2.1	21	22	23	24	25
26	27	28				

4월

일	월	화	수	목	금	토
						1 음윤2.11
2	3	4	5 청명 음2.15	6 한식 음윤2.16	7	8
9 음윤2.19	10	11	12	13	14	15
16	17	18	19 음윤2.29	20 곡우 음3.1	21	22
23/30	24	25	26	27	28	29

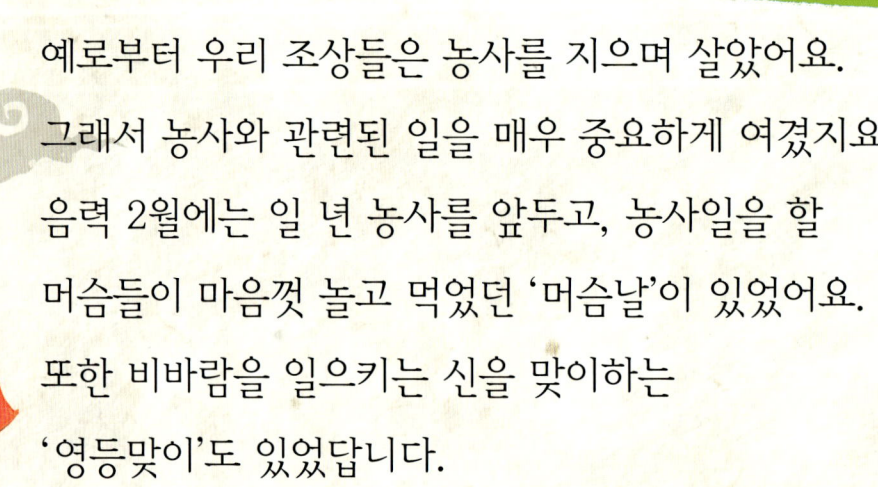

예로부터 우리 조상들은 농사를 지으며 살았어요. 그래서 농사와 관련된 일을 매우 중요하게 여겼지요. 음력 2월에는 일 년 농사를 앞두고, 농사일을 할 머슴들이 마음껏 놀고 먹었던 '머슴날'이 있었어요. 또한 비바람을 일으키는 신을 맞이하는 '영등맞이'도 있었답니다.

놀고 먹는 머슴날

동우네 아빠와 엄마가 마당에서
봄에 쓸 농기구를 정리하고 있었어요.
동우와 동희는 집 안에서 귤을 까먹으며
놀고 있었지요. 바로 그때였어요.
누군가 동우와 동희의 어깨를 툭 쳤어요.
돌아보니 웬 할머니가 동그란 눈으로
둘을 쳐다보며 말했어요.

머슴날인데,
어찌하여 머슴을
부리느냐?

머슴이 아니라
우리 아빠,
엄만데요……?

나 여기 있지롱!
크크.

동우네 부엌에 사는 조왕신 할머니였지요.
할머니는 바깥을 바라보며 중얼거렸어요.
"응? 머슴이 아니라고? 에고, 내가 너무 오래 잤나보네!
또또 이 녀석은 어디서 노느라 날 안 깨운 거야?"
그러자 부엌 안쪽에 있던 솥뚜껑이 달싹 움직이더니,
꼬마 도깨비 또또가 고개를 쏙 내밀며 키득거렸어요.

31

음력 2월 1일, 머슴날이 궁금해!

🇰🇷 머슴이 마음껏 놀고먹는 날

옛날에는 주인집의 농사일을 도맡아 하는 머슴이 있었어요. 머슴날에는 주인들이 그 동안의 수고에 고마워하며 맛있는 음식을 차려주고 신 나게 놀게 해 주었대요.

머슴날을 '노비일'이라고 부르기도 했지.

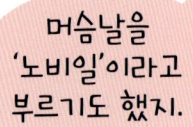

'일꾼날'이라고도 했답니다!

🕯️ 머슴들만의 장이 섰어요

부잣집 머슴들은 머슴날이 되면 주인에게 돈을 넉넉히 받았어요. 머슴들은 장터에 가서 마음껏 돈을 썼고, 이때 서는 장을 '머슴장'이라 불렀답니다.

낑낑

나도 어른이 되고 싶어!

🎀 이제 어른이 되었어요!

경남 지방에서는 머슴날을 어른이 되는 날이라 여겼어요. 그해에 스무 살이 된 청년들은 마을 어른들에게 술과 음식 등을 대접하며 어른이 되었음을 알렸지요. 이때 힘을 인정받기 위해 엄청 무거운 돌을 들어올리기도 했답니다.

노래기를 쫓아내라!

옛날 우리 조상들이 많이 살던 초가집은 '노래기'라는 벌레가 살기 좋은 곳이었어요. 그래서 머슴날에는 노래기를 쫓기 위해 대청소를 하기도 했어요. 그리고 '노래기야, 저만치 물러가라.'라는 뜻의 글귀를 써서 대문에 붙여놓기도 했답니다.

조상들은 냄새나고 지저분한 것일수록 아름다운 이름을 붙였단다. 그래서 노래기더러 향랑각시라 한 거야.

노래기더러 향기로운 각시(향랑 각시)라고요? 히히, 정말 재밌다!

맛있는 음식

나이떡과 막걸리

머슴날은 신분이 낮은 머슴들의 명절이었어요. 머슴날 아침에 주인들은 머슴들에게 송편이나 떡을 만들어 주었어요. 이 떡을 나이떡 혹은 머슴떡이라 불렀지요. 이 날 머슴들은 자기 나이 수대로 떡을 먹었어요. 그러면 병에 걸리지 않고 건강하게 오래 살 수 있다고 생각했답니다.

강원도 지방에서는 머슴날 먹는 음식을 '말똥떙이'라고 불렀대. 설마 이 경단이 진짜 말똥은 아니겠지?

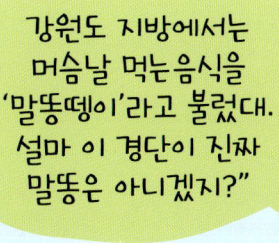

추워지는 영등날

아이 추워! 봄이 왔다더니 왜 이렇게 추운 거야?

동희네 집에 놀러 온 새봄이가 춥다며 들어왔어요.
"어서 와 새봄아! 조왕신 할머니가 그러셨어.
바람을 다스리는 영등할머니가 오셔서 추운 거라고."
"영등할머니가 오셨다고?"
"응! 그래서 부엌에 떡하고 음식을 놔뒀어.
영등할머니를 잘 모셔야 한대서."

난 그냥 맛만 보려고 한 거야.

앗! 그거 영등할머니가 드실 거란 말이야!

바로 그때였어요.
부엌에서 달그락 소리가 났어요.
동희와 새봄이는 얼른 부엌으로 가 보았어요.
그런데 꼬마 도깨비 또또가 영등할머니의
떡을 마구 집어 먹고 있지 뭐예요!
동희가 화가 나서 "안 돼!" 하고 소리쳤어요.
또또는 떡을 입 안 가득 물고 뒷머리를
긁적였답니다.

음력 2월 1일, 영등제가 궁금해!

음력 2월 1일은 영등날

비바람을 일으키는 신을 '영등신'이라고 불러요. 2월 1일은 머슴날이면서 동시에 '영등날'이기도 해요. 이 날은 '영등신'을 맞이하는 제사를 지내요. 이 제사를 '영등제' 혹은 '영등맞이'라고 한답니다.

비바람과 함께 나타나는 영등할머니

'영등신'은 '영등할머니'라고도 불려요. 원래 하늘에서 살고 있는데, 음력 2월 1일부터 약 20일간 땅에 내려왔다가 다시 하늘로 올라간다고 전해지고 있어요. 우리 조상들은 영등할머니가 땅으로 내려올 때 바람이 불거나 비가 내린다고 생각했어요.

영등할머니 맞이하기

영등제 전날에는 문 앞에 황토를 뿌리고 금줄을 걸어 집 안에 나쁜 기운이 들어오지 못하도록 했어요. 또 영등날 새벽, 첫닭이 울면 깨끗한 옷을 입고, 깨끗한 물 한 바가지를 떠서 장독대 위에 올려놓았답니다.

까치밥 주기

경남의 한 지방에서는 영등날이 되면, 까치가 먹을 수 있도록 밥과 반찬을 짚으로 싸서 담장 위나 나무 위에 올려놓곤 했어요. 이것을 '바람밥' 혹은 '까치밥'이라고 해요. 또한 상에다가 찬물이나 나물 등 음식과 함께 괭이나 메주 등을 올려놓고 농사가 잘되길, 그리고 장맛이 좋아지기를 기도했답니다.

> 까치한테도 먹을 것을 챙겨 주었구나

재미있는 놀이

영등굿놀이

제주도 사람들은 영등할머니가 바닷가를 돌며 미역이나 전복의 씨를 뿌린다고 여겼어요. 그래서 영등할머니를 맞이하는 '영등굿놀이'를 크게 벌였어요. 어부와 해녀들을 위해 나쁜 기운을 싣고 떠나라고 짚으로 배를 만들어 바다에 띄우기도 했지요. 제주 칠머리당 영등굿은 세계문화유산으로 지정될 만큼 유명하답니다.

이달의 절기

경칩 (양력 3월 6일경)
- 경칩은 겨울잠을 자던 개구리 등 여러 동물들이 깨어나는 날이에요.
- 조상들은 경칩이 되면, 식물도 겨울잠에서 깨어나 싹을 틔운다고 여겼어요. 그래서 부지런히 농사 준비를 시작했답니다.

1. 봄나물을 캐다가 먹어요

들나물이나 씀바귀, 냉이, 달래, 고들빼기 같은 여러 나물들을 산에서 캐다가 밥상 위에 올렸어요. 고로쇠나무나 단풍나무에서 수액을 뽑아 먹기도 했지요.

경칩에는 모름지기 흙을 만져야지!

2. 흙과 관련된 일을 해요

경칩에는 흙과 연관된 일을 하는 게 좋다고 여겼어요. 그래서 흙으로 담을 새로 쌓거나 흙벽을 바르기도 했지요.

3. '경칩이 지난 게로군!'

경칩에는 겨울잠을 자던 개구리가 깨어나 '개굴개굴!' 활기차게 소리를 내요. 이처럼 '경칩이 지난 게로군!'은 말을 잘 하지 않던 사람이 말문을 여는 것을 뜻해요.

춘분 (양력 3월 21일경)

- 경칩에서 15일이 지나면 춘분이에요. 춘분에는 낮과 밤의 길이가 똑같아요.
- 이때부터 농촌은 농사 준비를 위해 바빠지기 시작해요.

씨 뿌릴 준비를 해요

화창한 봄을 맞아 논이나 밭을 일구며 씨 뿌릴 준비를 했어요. 마늘밭이나 보리밭에 잘 자라라고 거름을 만들어 주기도 했고요. 요즘에는 농사를 도와주는 기계들 덕분에 편리해졌답니다.

'꽃샘추위'가 와요

춘분에도 변덕스러운 날씨는 여전해요. 갑자기 추워지는 날씨에 '꽃샘추위'라는 말을 쓰기도 해요. 바람의 신이 꽃을 피우지 못하도록 바람을 불게 한다는 뜻을 담고 있답니다.

꽃샘추위가 왔나! 봄이라더니, 왜 이리 춥고 바람이 부는 거지?

3월

3월

일	월	화	수	목	금	토
			1 음 2.10	2	3	4
5	6	7	8	9	10	11
12	13	14	15	16	17	18
19 음 2.28	20	21 춘분	22 음 윤2.1	23	24	25
26	27	28	29	30	31 음 윤2.10	

4월

일	월	화	수	목	금	토
						1
2	3	4	5 청명 음 윤2.15	6 한식 음 윤2.16	7	8
9	10	11	12	13	14	15
16	17	18	19	20 곡우 음 3.1	21	22
23/30	24	25	26	27	28	29

5월

일	월	화	수	목	금	토
	1 음 3.12	2	3	4	5	6 입하 음 3.17
7	8	9	10	11	12	13
14	15	16 음 3.27	17	18	19	20
21 소만 음 4.2	22	23	24	25	26	27
28	29	30	31			

산과 들에 새싹이 파릇파릇 돋아나고, 따뜻한 기운이 가득 넘치는 3월이에요.
음력 3월이 되면, 우리 조상들은 벼 농사를 짓기 위해 볍씨를 뿌렸어요.
또한 채소 씨앗들도 뿌리며 농사일을 시작했지요.
산이나 들로 놀러가거나 조상들의 묘도 살폈답니다.

제비 오는 삼짇날

여름이와 동우가 나무칼을 들고
재미있게 놀고 있었어요. 그때였어요.
"어, 제비가 집을 짓고 있네!"
새봄이가 처마 밑을 가리키며 외쳤어요.
하지만 동우와 여름이는 칼싸움 놀이만 했지요.
그러자 새봄이가 뱀이 나타났다고 소리쳤어요.

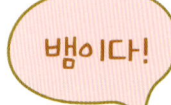

뱀이다!

뱀이라는 소리에 깜짝 놀란 동우가
그만 나무칼을 떨어뜨리고 말았어요.
그 틈에 여름이가 동우의 옆구리를 겨누었지요.
"야호, 우리 오빠가 이겼다, 이겼어!"
새봄이는 만세를 부르며 즐거워했답니다.

음력 3월 3일, 삼짇날이 궁금해!

🎐 제비가 돌아왔다!

삼짇날쯤 되면, 날씨가 따뜻해서 곳곳에 새싹이 돋고, 꽃이 피기 시작해요. 나비가 훨훨 날고 뱀이 겨울잠에서 깨어나며, 제비도 따뜻한 우리나라로 돌아와요.

안녕, 제비야!

🕯 나비 점 치기

삼짇날에 조상들은 나비 점을 쳐 보곤 했어요. 호랑나비나 노랑나비를 보면 좋은 일이, 흰나비를 보면 나쁜 일이 일어날 거라 믿었지요.

🎀 장 담그기

삼짇날에는 장을 담그기도 했어요. 이때 담근 장은 유난히 맛이 좋다고 해요.

윽, 냄새가 너무 나!

된장찌개나 떡볶이를 다 이것들로 만든단다. 흐흠, 구수한 된장, 고추장 냄새!

냠냠, 그냥 먹어도 맛있다!

44

맛있는 음식

화전

따뜻한 삼짇날에는 꽃잎을 따서 전을 부쳐 먹었어요. 진달래꽃을 따다가 찹쌀가루 반죽과 함께 지져 먹었지요. 이걸 화전이라고 하는데 '꽃달임', '꽃지짐'이라고도 불렸어요. 삼짇날에는 쑥떡이나 녹두로 만든 국수도 먹었답니다.

어디 한 번 해볼까? 화전 만들기

 재료 및 분량: 찹쌀 5컵(가루 10컵), 소금 1큰술, 끓는 물 1컵, 진달래꽃 20송이, 꿀(또는 시럽), 기름 약간

❶ 진달래꽃을 따서 꽃술을 떼어 낸 후 물에 씻어서 말린다.

❷ 찹쌀가루에 소금을 약간만 넣고 뜨거운 물을 부어 반죽한다.

❸ 반죽을 동글납작하게 빚어 프라이팬에 기름을 두르고 살짝 익힌다.

❹ 한쪽이 익으면 진달래꽃을 얹어서 앞뒤로 골고루 익히면 완성! 꿀이나 시럽을 찍어 먹는다.

성묘 가는 한식

오빠, 어서 와서 절해야지!

"쳇, 여름이랑 개구리 잡으러 가기로 했는데……."
동우는 성묘를 하는 내내 투덜거렸어요.
그러자 조왕신 할머니가 다가와 "쉿!" 하고 속삭였지요.
"오늘은 4대 명절 중 하나인 한식이야! 꼭 성묘 하렴."
"한식이라고요? 무슨 이름이 그래요?
우리 나라 음식인 한식 먹는 날이에요?"

또또가 슬그머니 다가와 무언가를 내밀었어요.
"초콜릿이네! 나 먹으라고? 먹보가 웬일이야?"
초콜릿을 베어먹던 동우가 꽥 소리를 질렀어요.
또또가 건넨 초콜릿이 어느새 차가운 쑥떡으로 변해 있었거든요.

앗, 차가워!
초콜릿이 아니라
떡이잖아!

동지 후 105일째 되는 날, 한식이 궁금해!

차가운 음식 먹는 날!

한식은 설날, 단오, 한가위와 함께 4대 명절 중 하나예요. 양력으로 4월 5일 무렵이지요. 찬 음식을 먹는다고 하여 '차가울 한(寒)', '음식 식(食)'을 써서 '한식'이에요.
조상들은 불에도 생명이 있으므로 나쁜 기운의 오래된 불을 끄고, 새 불을 사용해야 한다고 생각했어요. 그래서 한식에는 불을 사용하지 않고 찬 음식을 먹었답니다.

한식 무렵에는 불조심을 해야 해! 날씨가 건조해서 불이 나기 쉽거든.

불씨 나누어 주기

조선시대에는 임금님이 버드나무에 불을 붙인 뒤, 그 불씨를 신하들의 집에 나누어 주는 풍습도 있었어요.

귀신 없는 날 산소 돌보기

한식날이 되면, 조상들은 산소를 돌봤어요. 귀신이 꼼짝 않고 있는 날이라서, 산소에 손을 대도 나쁜 일이 생기지 않는다고 여겼지요. 잔디를 새로 입히거나 비석을 세우기도 했답니다.

오늘 우리 귀신들은 꼼짝 않고 있어야 해.

물한식

한식날 비가 내리면 '물한식'이라 불렀어요. 물한식이 되면 풍년이 든다고 믿었어요.

우르르 쾅! 한식날 천둥이 치면 흉년이 든다는 말도 있었대!

농사 준비하기

한식에는 흙을 고르는 가래질이나 소를 이용하여 논갈이를 했어요. 또 볍씨를 뿌려 모 기를 곳을 마련하기도 했어요.

맛있는 음식

한식면
'한식면'은 한식날 먹는 국수예요. 보통 메밀로 만들어요.

한식사리
'한식사리'는 한식에 잡은 조기를 말해요. 살이 연하고 맛이 최고예요.

쑥
쑥이 많이 나는 철이라서 쑥떡이나 쑥탕을 먹기도 했어요.

이 달의 절기

> **청명** (양력 4월 5일경)
> 하늘이 맑은 청명에는 완전한 봄을 느낄 수 있어요. 따뜻해진 만큼 농사일하는 농부의 손길도 바빠졌지요. 또 건조한 날도 많아 불조심을 해야 했어요.

1. 못자리 판을 만들어요

청명 즈음에는 논밭을 손질했어요. 흙을 고르게 해서 씨를 뿌려 모를 키울 못자리판을 만들었지요. 농사 짓기 중 가장 중요한 일을 할 때예요.

"삘기를 껌 대신 씹어도 돼!"

2. 새싹의 어린 순을 뽑아 먹어요

어린아이들은 새로 난 새싹의 어린 순을 '삐삐', 또는 '삘기'라고 불렀어요. 이것을 뽑아 먹기도 했지요.

3. 나무를 심어요

식목일은 나무 심는 날로, 청명과 같은 날이에요. 어떤 지역에서는 자식이 결혼할 때 이날 심은 나무로 장롱을 만들어 주기도 했어요.

"무럭무럭 자라렴! 시집갈 때 장롱 만들게!"

곡우 (양력 4월 20일경)

곡우는 '봄비가 백 가지 곡식을 기름지게 만든다.'는 뜻이에요. 그래서 조상들은 곡우에 비가 내리면, 풍년이 든다고 믿었어요.

1. 볍씨로 고사를 지내요

조상들은 볍씨로 고사를 지내며 농사가 잘되기를 빌었어요. 논에 볍씨를 뿌리기 전에 가마니에 넣고, 솔가지로 볍씨를 덮어 두기도 했지요. 바늘처럼 날카롭고 뾰족한 솔잎이 나쁜 기운을 쫓아낸다고 여겼기 때문이에요.

통통한 게 참 맛나게 생겼네!

2. 곡우사리를 잡아요

곡우 때 잡은 조기를 '곡우사리'라고 불렀어요. 이때 잡은 조기는 알이 가득 차 있고, 맛이 좋았어요. 그래서 어부들은 조기를 잡느라 바빴답니다.

어서 비가 내려야 할텐데…….

3. '곡우에 가물면 땅이 마른다!'

조상들은 곡우에 비가 내리길 바랐어요. 만약 비가 내리지 않으면, 땅이 말라서 농사가 잘되지 않을 거라고 생각했어요.

4월

4월

일	월	화	수	목	금	토
						1
2	3	4	5 청명 음 윤2.15	6 한식 음 윤2.16	7	8
9	10	11	12	13	14	15
16	17	18	19	20 곡우 음 3.1	21	22
23/30	24	25	26	27	28	29

5월

일	월	화	수	목	금	토
	1 음 3.12	2	3	4	5	6
7	8	9	10	11	12	13
14	15	16 음 3.27	17	18	19	20 음 4.1
21 소만 음 4.2	22	23	24	25	26	27
28	29	30	31			

6월

일	월	화	수	목	금	토
				1	2	3 음 4.15
4	5	6 망종 음 4.18	7	8	9	10
11	12	13	14	15	16	17 음 4.29
18	19	20	21 하지 음 5.4	22 단오 음 5.5	23	24
25	26	27	28	29	30	

음력 4월은 봄의 끝자락이기도 하면서
여름의 시작을 알리는 때이기도 해요.
3월에 심었던 논밭의 곡식과 채소들도
따뜻한 햇살을 받으며 무럭무럭 자라나요.
농부들은 잡초를 뽑아 밭을 일구고,
벼 농사를 위한 모내기도 했답니다.

연등 다는 초파일

"우아, 연등이 꼭 예쁜 달님 같아!"
동희가 새봄이네 집에 달린 예쁜 연등을 보았어요.
연등에 달린 종이에는 가족의 이름이 쓰여 있었지요.
"동희야, 너도 한번 만들어 볼 테냐?" "네!"
조왕신 할머니의 물음에 동희는 큰 소리로 대답했어요.
동희는 조왕신 할머니, 또또와 함께 연등을 만들었어요.
종이에 가족의 이름을 써넣는 것도 잊지 않았답니다.

음력 4월 8일, 초파일이 궁금해!

초파일은 석가탄신일

초파일은 불교 명절이에요. 왕의 자리를 버리고 자비의 깨달음을 세상에 알린 석가모니가 태어난 날이지요. 초파일은 세월이 흐르면서 우리 민족이 다 같이 즐기는 날이 되었답니다.

옛날에는 집집마다 가족 수 대로 연등을 만들어 매달아 놓기도 했지.

초파일 연등 달기

초파일에는 연등을 달아요. 밝은 연등처럼, 마음을 밝고 맑고 바르게 하자는 뜻을 담고 있어요. 또 풍년을 바라는 마음도 담겨 있지요.

빙글빙글 탑 돌기

초파일에는 탑 주위를 돌면서 가족의 평화와 행복, 안전을 빌기도 해요.

어린이들이 좋아하는 날

초파일에는 절 앞에서 큰 장이 열렸어요. 이곳에서 어린이가 좋아할 만한 장난감들도 팔았답니다. 그래서 초파일은 어린이들이 좋아하는 날이기도 했어요.

난 초파일이 제일 좋아!

느티떡

초파일에는 소박한 음식을 먹었어요. 그 중 하나가 느티떡이에요. 느티나무의 어린잎을 쌀가루에 버무려 쪄 먹는 음식이었지요.

검은콩과 미나리

소금에 볶은 콩을 먹거나 미나리를 삶아서 초고추장에 찍어 먹기도 했어요.

만석중놀이와 물장구놀이

만석중놀이는 오늘날의 그림자놀이와 비슷해요. 얼굴은 바가지, 팔과 다리와 몸뚱이는 나무로 아이 크기만 한 만석중인형을 만들어서 연극을 하는 거예요. 커다란 장막 뒤에서 색색으로 칠한 한지로 노루나 사슴 등의 모양도 만들어 함께 놀아요.

물장구놀이는 물을 담은 물동이에 바가지를 엎은 뒤, 빗자루 등으로 바가지를 두드리며 노래를 부르는 놀이예요.

이달의 절기

입하 (양력 5월 6일경)

입하는 여름이 시작되었음을 알리는 절기예요. 이때는 산과 들의 식물들이 무성히 자라나 푸르러져요. 농부들의 일손도 더욱 바빠지는 때랍니다.

1. 보리이삭이 나오고 모가 자라요

밭에는 보리이삭이 나오고, 논에는 볍씨의 싹이 터서 모가 자라기 시작해요. 농부들은 더 열심히 농사일을 한답니다.

2. 농작물은 쑥쑥, 해충은 바글바글

농작물이 잘 자라면, 해로운 벌레인 해충이나 잡초도 많아져요. 그래서 해충을 잡고, 잡초도 뽑는답니다.

3. 입하차를 마셔요

입하 즈음에 딴 고운 찻잎으로 만든 차를 입하차라고 해요. 곡우 전에 처음으로 딴 어린 잎으로 만든 우전차와 같이 차 중에서 최고로 여긴답니다.

소만 (양력 5월 21일경)

날씨가 더워지면서 여름을 느낄 수 있는 시기예요. 소만은 '햇빛이 풍부하여 모든 생명이 조금씩 자라나서 가득 찬다.'는 뜻을 담고 있어요.

1 모내기를 해요

모내기를 시작하는 때로, 일 년 중 농부들이 가장 바쁜 시기예요. 예전과 달리 요즘은 모내기 기계로 모를 심어요. 밭에는 보리이삭이 누렇게 익어가요.

2 '보릿고개'를 잘 넘겨요

양력 4~5월이 되면, 지난 가을에 거두어들였던 곡식들이 모두 바닥나고 없어져요. 올해 심은 보리도 아직 여물지 않아 먹을 게 부족하지요. 이 시기를 '보릿고개'라고 했답니다.

옛날에는 먹을 게 없으면 채 익지도 않은 보리를 베어다가 죽을 끓여 먹었지.

3 개굴개굴, 부엉부엉!

소만에는 개구리들이 짝짓기를 하려고 울어 대요. 부엉이가 부엉부엉 많이 울기도 하고요.

5월

5월

일	월	화	수	목	금	토
	1 음 3.12	2	3	4	5	6
7	8	9	10	11	12	13
14	15	16 음 3.27	17	18	19	20
21 소만 음 4.2	22	23	24	25	26	27
28	29	30	31			

6월

일	월	화	수	목	금	토
			1	2	3	음 4.15
4	5	6 망종 음 4.18	7	8	9	10
11	12	13	14	15	16	17 음 4.29
18 음 5.1	19	20	21 하지 음 5.4	22 단오 음 5.5	23	24
25	26	27	28	29	30	

7월

일	월	화	수	목	금	토
						1
2	3	4	5	6	7 소서 음 5.20	8
9	10	11 초복 음 5.24	12	13	14	15
16	17 음 5.30	18	19	20	21 중복 음 6.4	22
23 대서 / 30	24 / 31	25	26	27	28	29

음력 5월에는 모내기한 벼가 잘 자라도록
잡풀을 뽑아 주거나, 거름을 주었어요.
또 가뭄이 들까 봐 기우제를 지내기도 했지요.
한편 '단오'라는 큰 명절이 있어서, 이날 사람들은
그네뛰기, 씨름, 탈춤 등 다양한 놀이를 즐겼답니다.

"조왕신 할머니, 여기 갖고 왔어요!"
새봄이와 동희가 씩씩하게 창포를 내려놓았어요.
"오, 정말 창포를 구해 왔구나. 고맙다!"
조왕신 할머니는 싱글벙글 웃으며 창포를 삶았어요.

"앗, 또또 녀석은 머리 감기 싫어서 그새 숨어 버렸네!"
조왕신 할머니는 혀를 끌끌 차더니, 쪽찐 머리를 풀었어요.
할머니의 하얀 머리카락은 발등까지 내려왔지요.
순간 새봄이와 동희의 눈은 놀라 동그래졌어요.
그때, 부엌으로 들어오던 동우가 할머니의 긴 머리를 보고는
깜짝 놀라 도망가 버렸답니다.

음력 5월 5일, 단오가 궁금해!

> 단오를 '중오절', '천중절', '단양'이라고 하기도 한대. 정말 이름이 많다!

🌞 단오는 해의 기운이 강한 날

단오는 음력 5월 5일로, 조상들은 이 날을 해의 기운이 가장 강한 날이라고 여겼어요. 단오를 '수릿날'이라고 부르기도 했지요. 높은 신이 땅으로 내려오는 날이라는 뜻이에요. 수레바퀴 모양의 쑥떡을 먹기 때문에 붙여진 이름이라는 이야기도 있어요.

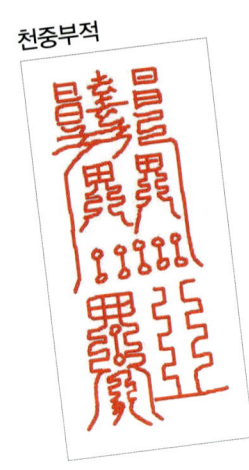

천중부적

🕯 나쁜 귀신을 쫓아요

단옷날 대궐에서는 '천중부적'이라고 하여 빨간색으로 부적을 만들었어요. 그리고 대궐 문 앞에 붙였지요. 나쁜 기운을 없애기 위해서였답니다.

🎀 쑥과 익모초 먹기

쑥으로 뜸을 뜨거나 먹기도 했어요. 쑥에는 나쁜 일을 물리치는 힘이 있다고 믿어서 대문 옆에 한 다발을 세워 놓기도 했지요. 더불어 익모초를 말려 약에 쓰기도 했어요.

쑥

신윤복 〈단오풍정〉

창포물에 머리감기

단옷날에는 물가에서 자라는 창포라는 식물을 삶은 물로 머리를 감고 몸을 씻었어요. 병에 걸리지 말라고 이런 풍습이 생겨난 거지요. 여인들은 창포 뿌리로 비녀를 만들어 꽂기도 했답니다.

나쁜 귀신아, 호잇 호잇! 저리 가라!

남자들은 창포 뿌리를 허리에 차고 다니기도 했어. 귀신을 쫓아낼 수 있다고 믿었거든!

 부채 주고받기

단옷날에는 서로 부채를 주고받는 풍습이 있었어요. 시원한 여름을 보내라는 뜻이 담겨 있답니다.

수리떡

쑥과 멥쌀가루를 섞어 만든 떡이에요. 수레바퀴 모양으로 빚었다고 하여 수리떡이라 불렸지요.

앵두화채

단옷날에는 앵두화채를 즐겨 마셨어요. 앵두를 따다 씨를 빼고, 설탕이나 꿀에 넣어 재운 후 오미잣물에 넣어 먹는 거예요.

제호탕

궁중에서 먹던 벌꿀차예요. 더위를 풀어 주는 시원한 전통 음료였지요.

강릉 단오제

단오는 보리를 거두고 모심기가 끝난 뒤에 사람들끼리 크게 놀면서 즐겼던 명절이에요. 전국에서 단오제를 지냈어요. 그 중에 오늘날까지 남아 있는 가장 큰 단오제가 강릉 단오제예요. 무당, 굿, 풍물, 가면극 등 놀이의 네 가지가 어우러진 축제이지요. 강릉 단오제는 2005년 유네스코 인류구전 및 무형유산걸작에 등재되었답니다.

재미있는 놀이

그네뛰기

단오의 대표적인 놀이예요. 옛날에는 여자들이 바깥에 잘 나가지 못하고 주로 집안에서만 생활했어요. 단옷날이 되면, 여자들은 높이 높이 그네를 타면서 담 바깥을 구경했답니다.

와, 집들도 크고 사람들도 많이 다니네.

나도 단오날 탈춤을 추고 싶다. 그러려면 잘 배워야 할 텐데…….

씨름

넓은 모래판에서 남자 둘이 힘을 겨루는 놀이예요. 단옷날 씨름에서 이기는 사람에게는 황소를 상으로 주기도 했답니다.

탈춤

단옷날 장에서는 탈춤과 가면극이 열렸어요. 사람들은 옹기종기 모여 앉아 탈춤과 가면극을 보며 재미있게 즐겼답니다.

이달의 절기

망종 (양력 6월 6일경)
망종은 '벼나 보리같이 수염이 있는 곡식의 씨를 뿌리기 좋은 시기'라는 뜻이에요.
그래서 망종 무렵에는 보리를 베고 모내기를 했지요.

1. 발등에 오줌 쌀 정도로 바빠요

망종에는 보리도 베고, 벼도 심었어요. 또 밭을 갈아 콩도 심어야 했어요. '발등에 오줌 싼다.'는 말이 나올 정도로 바빴답니다.

빨랑빨랑! 어서 보리를 베어야 해!

와, 맛있겠다!

2. '보리그스름'을 먹기도 해요

전라도나 충청도에서는 망종에 풋보리를 베어다가 그을려 먹으면, 다음 해에 곡물이 잘 여문다고 믿었어요.

3. '망종보기'라는 농사 점을 쳐요

망종이 음력 4월에 올 때도 있고 음력 5월에 올 때도 있었어요. 망종이 일찍 오면 보리를 빨리 거두어들일 수 있었지만, 망종이 늦으면 보리를 늦게 거두어들였어요. 이렇듯 농사가 잘 될지 안 될지를 점쳤답니다. 한편 제주도 지방에서는 이날 우박이 내리면 좋은 기운이 들 거라고 생각했어요.

하지 (양력 6월 21일경)

- 하지는 1년 중에서 태양이 가장 높이 뜨고, 또 낮이 긴 날이에요.
- 무더위를 미리 알리는 날이기도 해요.

1. 기우제를 지내요

하지 때에는 햇볕이 강하게 내리쬐는 날이 잦아서 비 오는 날이 드물었어요. 조상들은 하지가 지나도록 비가 오지 않으면 비를 내려 달라고 '기우제'를 지내기도 했답니다.

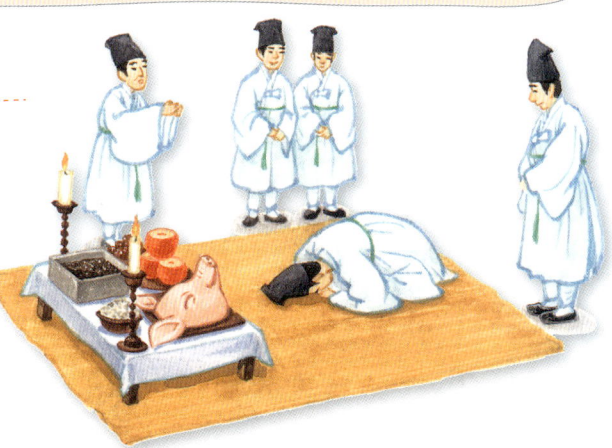

> 비가 토독토독 계속 내리네!

2. 하지가 지나면 장마가 시작돼요

'하지가 지나면 구름장마다 비가 내린다.'는 속담이 있듯 장마가 시작되었어요.

3. 감자를 쪄먹어요

하지가 지나면 감자 싹이 죽어요. 그래서 강원도에서는 하지가 되면, 감자를 캐어 먹었답니다.

4. 하지가 되면 매미가 울어요

하지부터 처음 5일 동안에는 사슴이 뿔갈이를 하고, 그 다음 5일 동안은 매미가 울기 시작한다는 말이 있어요.

소서 (양력 7월 7일경)

소서는 작은 더위라는 뜻이에요. 이때부터 여름 무더위가 시작되지요. 장마철이라서 습도가 높고 짜증이 많이 나는 때랍니다.

1 과일과 채소가 풍부해요

더위가 시작되면서 여름 과일이 알맞게 익기 시작해요. 오이나 애호박 같은 채소도 잘 익지요. 밀도 소서부터 거두어 먹을 수 있다고 해요.

2 귀뚜라미가 귀뚤귀뚤 울어요

소서부터는 낮이건 밤이건 더운 바람이 불면서 귀뚜라미 소리를 들을 수 있어요.

"거름을 주었으니 더 잘 자라겠지?"

3 모내기 한 논에 거름을 주어요

모내기를 한 지 20여 일이 지났을 때가 바로 소서예요. 소서에는 많이 자란 잡풀을 뽑아 주고 거름을 뿌려 줬어요. 보리를 벤 곳에는 팥이나 콩을 심기도 했지요.

윤달에 대해서 알아보기

할머니, 몇 년마다 한번씩 온다는 윤달은 뭐예요?

해의 움직임에 따라 날짜를 매긴 것을 태양력, 즉 **양력**이라고 한단다.

지구가 태양 둘레를 도는 것은 알고 있지? 지구가 정확히 태양의 둘레를 한 바퀴 도는 데 걸리는 시간이 365.2422일이야. 그래서 양력은 365일(1년)이 되는 거지. 그런데 지구가 태양을 돌면서 해마다 0.2422일씩 시간이 늘어나잖아. 그것을 잡아주기 위해 4년에 한번 하루를 달력에 더 넣어준 거야. 바로 4년마다 한번씩 돌아오는 2월 29일.

달의 움직임에 따라 날짜를 매긴 것은 태음력, 즉 **음력**이라고 하지.

지구가 태양의 둘레를 돌 듯이 달은 지구의 둘레를 돌아. 지구에서 봤을 때 보름달이 뜨고 다음 보름달이 뜰 때까지의 시간은 29.5306일이야. 그래서 음력은 29일이나 30일을 1달로 치게 돼. 그렇게 29일이나 30일로 1달을 매겨서 12달이 지나면 354일이 1년이 되는 거야.

양력의 1년은 365일인데 음력의 1년은 354일이야. 1년이면 11일이 차이가 나지만 3년이면 1달, 9년이면 3달이나 차이가 나서 계절도 맞지 않게 돼.

음력과 양력의 날짜도 맞추고 계절도 맞추기 위해서 음력에 윤달을 한번씩 넣어서 계절에 맞는 달력을 만들게 되었어.

우리가 쓰는 음력 달력에서는 윤달은 19년 동안 7번 들어가게 되어 있단다.

2023년이 바로 그 윤달이 있는 해야. 2023년에는 윤달이 3월에 있고. 음력 2월이 두 번 있어. 윤달은 보통 5월이 가장 많고 11, 12, 1월은 거의 없어.

윤달은 몇 년마다 한 번씩 오기 때문에 여벌달, 공달, 덤달이라고도 불렀어. 보통 달과 달리 걸릴 것이 없고 탈도 없는 달이라고 해서 평소에 하기 조심스러운 일은 다 윤달에 했어. 특히 조상의 산소를 손질하거나 이장하는 일, 그리고 수의를 만드는 것도 **윤달**에 했단다.

6월

6월

일	월	화	수	목	금	토
			1	2	3 음 4.15
4	5	6 망종 음 4.18	7	8	9	10
11	12	13	14	15	16	17 음 4.29
18	19	20	21 하지 음 5.4	22 단오 음 5.5	23	24
25	26	27	28	29	30	

7월

일	월	화	수	목	금	토
						1
2	3	4	5	6	7	8
9	10	11	12	13	14	15
16	17	18 음 6.1	19	20	21 중복 음 6.4	22
23 대서 / 30	24 / 31	25	26	27	28	29

8월

일	월	화	수	목	금	토
		1 음 6.15	2	3	4	5
6	7	8 입추 음 6.22	9	10 말복 음 6.24	11	12
13	14	15	16 음 7.1	17	18	19
20	21	22 칠석 음 7.7	23 처서 음 7.8	24	25	26
27	28	29	30	31		

음력 6월은 한창 무더위가 시작되는 달이에요.
농부들은 논밭의 잡초를 뽑는 등 부지런히 일했어요.
수박이나 참외 같은 여름 과일을 거둬들이기도 했고요.
한편 무더위 때문에 음식도 금방 상하게 되고,
나쁜 전염병이 돌기도 했답니다.

물놀이하는 유두

날씨가 더워졌어요. 동희와 새봄이 남매는
작은 폭포가 있는 계곡으로 물놀이를 갔어요.
새봄이가 첨벙 폭포 속을 지나더니 큰 소리로 외쳤지요.
"야호, 시원해. 나 물맞이 했다!"
여름이와 동우도 재빨리 폭포 속에 들어갔다 나왔어요.
하지만 동희는 무서운지 구경만 했답니다.

하하, 같이 물놀이 하니까 더 재미있네!

그때, 바가지 하나가 춤 추듯 둥실둥실
폭포 속을 지나며 떠내려오지 뭐예요.
그러고는 '펑' 소리와 함께 또또로 변했어요.
"얘들아, 물맞이 정말 재미있다!"
또또의 말에 동희도 살살 폭포로 다가갔지요.
그리고 재빨리 폭포 속에 들어갔다 나왔답니다.

음력 6월 15일, 유두가 궁금해!

동쪽으로 흐르는 물에 머리 감기

유두는 동쪽으로 흐르는 물에 머리를 감고 몸을 씻는다는 뜻을 담고 있어요.
해가 떠오르는 동쪽에는 태양의 좋은 기운이 많이 있다고 생각했거든요.

물 맞고 쉬는 날

조상들은 유두를 '수두'나 '물맞이'라고도 불렀어요. 수두는 머리에 물을 맞는다는 뜻이에요. 유두가 되면 산이나 계곡을 찾아가 폭포처럼 쏟아지는 물을 맞기도 하며 물놀이를 했답니다.

논 밭에서 제사 지내기

유둣날에는 집안이나 논밭에서 난 곡식과 과일 등을 올려 풍년을 빌었어요.
남쪽 지방에서는 해질 무렵 제사상을 차려 논과 밭에서 제사를 지냈다고 해요.

기름 묻은 음식으로 벌레 쫓기

옛날에는 기름 냄새가 나쁜 벌레를 쫓아낼 수 있다고 생각했어요. 그래서 기름에 부친 시루떡이나 호박전과 같은 전 음식을 땅에 묻거나 뿌렸답니다.

나도 벌레는 싫은데……. 내 몸에 호박전을 붙이고 다녀 볼까?

구슬 모양 국수 달기

유둣날에는 구슬 모양의 다섯 가지 색깔 국수를 만들어 몸에 차거나 문짝에 걸었답니다. 그러면 나쁜 귀신을 쫓을 수 있다고 믿었어요.

반가운 유둣물, 반갑지 않은 유둣물?

유두에 비가 오는 것을 두고 '유둣물'이라 불렀어요. 깨를 심는 곳에서는 유둣물을 반겼어요. 반면 모내기를 끝낸 곳에서는 비가 많이 오면 벼가 잘 자라지 못할까 봐 싫어했답니다.

난 유둣물이 싫어. 비가 오면 물놀이 하기 어렵거든.

맛있는 음식

유두면

유두에는 밀가루로 만든 국수를 먹었어요. 이 '유두면'을 먹으면 더위를 타지 않고 오래 산다고 여겼거든요.

유두 무렵에는 밀이나 보리를 거두어들였어. 그래서 햇곡식으로 음식을 만들어 먹었지.

수단과 건단

유두에는 또 수단을 즐겨 먹었어요. 수단은 멥쌀가루로 길게 만든 떡을 잘게 썰어 꿀물에 넣고 얼음을 띄운 음식이에요. 꿀물에 넣지 않은 건단을 먹기도 했지요.

연병

연병은 밀전병에 깨나 팥을 넣거나 각종 나물을 넣어 돌돌 말아 먹는 음식이에요. 밀쌈이라고도 불렸어요. 궁궐 같은 곳에서는 구절판으로 먹기도 했지요.

편수

여름에 나는 채소를 넣어 네모나게 만든 만두예요. 식혀서 먹거나 차가운 육수에 띄워 먹었어요. 개성 지방의 향토 음식이기도 해요.

어디 한 번 해볼까? 경단 만들기

 준비물: 찹쌀가루, 뜨거운 물, 깨 혹은 콩고물, 소금, 설탕

❶ 찹쌀가루에 소금과 설탕을 약간씩 넣고 뜨거운 물을 붓는다.

❷ 반죽하여 말랑하게 만든다.

❸ 반죽이 완성되면 동글동글하게 빚는다.

❹ 물을 끓여 끓는 물에 경단을 넣고 경단이 떠오를 때까지 익힌다.

❺ 찬물에 한 번 헹군 후 깨나 콩고물을 묻힌다.

❻ 맛있는 경단 완성!

이달의 절기

> **대서** (양력 7월 23일경)
>
> 대서는 일 년 중 가장 더운 날이에요. 너무 더워서 불볕 더위나 찜통 더위라는 말을 쓰기도 하지요. 때때로 소나기가 쏟아지기도 한답니다.

 과일이 가장 맛있어요

대서에는 참외나 수박 같은 여름 과일이 가장 맛있어요.

 모깃불을 놓아요

여름 더위를 따라 모기도 많이 나와요. 옛날에는 모기를 쫓기 위해 검불과 가시나무, 쓰레기를 모아 태워서 모깃불을 놓았다고 해요.

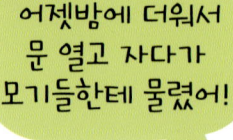

어젯밤에 더워서 문 열고 자다가 모기들한테 물렸어!

호~ 많이 가렵겠구나!

그새 또 잡초가 많이 자랐네!

 벼야, 잘 자라렴!

기온과 습도가 높으면 벼에 바람이 통하지 않아 썩을 수도 있었어요. 거름을 뿌리며 잡초를 뽑아 벼가 잘 자랄 수 있게 했지요.

입추 (양력 8월 8일경)

입추는 가을의 시작을 알려요. 절기로는 가을에 들어서지만, 아직 더운 기운이 식지 않을 때예요. 그래도 아침저녁으로 선선한 바람이 불기도 한답니다.

벼가 한창 익어 가요

입추는 벼가 한창 익어 가는 때예요. 벼에 피해를 주는 벼멸구도 많이 나와서, 특별히 신경 써야 했지요. 이때 비가 많이 내리면 비를 멎게 해달라는 '기청제'라는 제사를 지내기도 했어요.

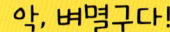

김장용 무와 배추를 심어요

입추 무렵에는 김치를 담그는 배추와 무를 심고, 서리가 내리기 전에 뽑는답니다. 겨울을 지내기 위해 김장을 하려는 거예요.

백중사리를 조심해요

입추에는 '백중사리'라 불리는 자연 현상을 조심해야 해요. 사리는 바닷물의 수위가 오르는 거예요. 이때는 바다 근처 낮은 땅의 농작물이 피해를 입기도 했지요.

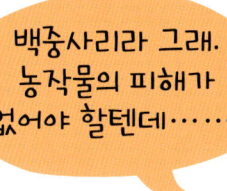

어정 7월, 건들 8월

입추 무렵은 김매기도 끝나고 농사일이 한가한 때예요. 그래서 '어정어정 하다 보니 7월이 가고, 건들건들 하다 보니 8월이 간다.'는 말을 썼어요.

7월

음력 7월에는 장마도 끝나고 무더위도 서서히 물러가요.
아침과 저녁으로 선선한 바람이 불기도 하고요.
이때는 잡풀을 뽑는 김매기가 끝나고 벼도 잘 자라요.
농촌에서는 조금 한가한 날들을 보내기도 한답니다.

비 오는 칠석

"앗, 비가 내리네. 우산도 없는데……."
동우와 동희가 비를 쫄딱 맞고 집에 돌아왔어요.
조왕신 할머니가 오들오들 떨고 있는
동우와 동희에게 옷을 꺼내 주며 말했지요.
"용케 올해에는 견우와 직녀가 만났나 보네."

하하, 물에 빠진 새끼 고양이들 같구나! 어서 갈아입으렴.

동우와 동희가 어리둥절해하며 할머니를 보았어요.
"오늘이 견우와 직녀가 일 년에 한 번 만나는……."
펑! 그때 갑자기 또또가 나타나 소리쳤어요.
"얘들아, 오늘이 바로 칠월 칠석이란다!"
"요녀석, 또 내 말을 가로채고 있어!"
할머니의 꾸중에도 또또는 신이 나서 말했답니다.

음력 7월 7일, 칠석이 궁금해!

견우와 직녀의 사랑 이야기

옥황상제의 딸인 직녀와 목동 견우는 서로를 너무 사랑해서 일을 제대로 하지 않았어요. 옥황상제는 화가 나서 둘을 멀리 떼어놓았지요. 그리고 일 년에 딱 하루만 만나게 했어요. 그날이 바로 칠석이에요.

직녀와 견우가 만날 수 있도록 까마귀들이 다리(오작교)를 만들어 준단다.

칠석에 내리는 비

조상들은 칠석에 내리는 비는 견우와 직녀가 만남을 기뻐하는 눈물이라고 여겼어요. 또 이튿날 새벽에 내리는 비는 이별을 슬퍼하는 눈물이라고 생각했고요. 칠석에 내리는 비로 목욕을 하기도 했답니다.

호미 씻기

김매기를 끝낸 뒤, 호미를 씻어 보관했어요. 이것을 '호미 씻기'라고 해요.

바느질 솜씨가 좋아지는 기도

옛날 여자들은 바느질 솜씨가 좋으면, 시집을 잘 간다고 생각했어요. 칠석에 음식을 준비한 뒤, 직녀별을 보며 바느질을 잘하게 해 달라고 기도했지요. 이러한 풍습을 '걸교'라고 해요.

🎀 곰팡이야, 물러가라!

책이나 옷을 꺼내 햇볕에 말렸어요. 햇빛이 좋아서 곰팡이가 생기는 것을 막을 수 있었거든요.

곰팡이가 햇빛을 싫어하는구나!

맛있는 음식

밀전병, 밀국수

칠석이 지나면, 밀에서 냄새가 나서 밀 음식을 먹기 힘들었어요. 한동안 밀 음식을 못 먹기 때문에, 칠석에는 밀로 만든 밀전병과 밀국수를 먹었답니다.

복숭아 화채

칠석 즈음에는 복숭아가 많이 나왔어요. 복숭아를 꿀에 재운 뒤 오미잣물에 타 먹는 복숭아 화채를 자주 해서 먹었답니다.

재미있는 놀이

칠석놀이

칠석에 남자들은 고싸움을 하거나 농악을 즐겼어요. 풍악을 울리며 집집마다 돌면서 농사가 잘된 논밭을 찾아다니기도 했지요. 한편 공부하는 선비들은 시를 짓기도 했답니다.

머슴도 쉬는 백중

"어허, 어서 놀자!"

새봄이가 동희네 집 주변을 왔다갔다 했어요.
조왕신 할머니가 불쑥 나타나 말했어요.
"동희랑 동우는 엄마 아빠 따라 서울 갔다."
"알아요. 그냥 심심해서……"
"왜 심심해? 여름이랑 놀면 되잖아."
"오빠는 여름방학 숙제만 해요."
"아니, 머슴도 쉰다는 백중에 숙제를 한다고?!"

조왕신 할머니는 살금살금 여름이가 있는
방으로 들어가 얼굴을 쑥 내밀었어요.
화들짝 놀란 여름이가 뒤로 발라당 넘어졌지요.
조왕신 할머니가 같이 놀자며 씩 웃었어요.
새봄이와 한 손에 무거운 돌을 든 또또도
깔깔깔 웃어댔답니다.

음력 7월 15일, 백중이 궁금해!

🏵 백중은 머슴의 명절

백중은 머슴들이 손꼽아 기다리던 명절이었어요. 이날에는 마음껏 쉬면서 놀고 먹을 수 있었거든요. 날씨도 선선하고, 힘든 일도 거의 끝난 때라서 느긋하게 쉬면서 즐겼지요.

다행이야. 한가할 때 혼인을 해서.

🕯 조상의 혼을 위로하는 날

백중을 '망혼일'이라고도 불렀어요. 죽은 조상의 혼을 위로하는 날이라 여기고, 여러 가지 음식을 차렸답니다. 이 무렵에는 과일과 곡식이 풍성해서 백 가지 씨앗을 갖춘 날이라는 '백종'이라고도 불렀어요.

🎀 '백중' 이야기

제주도에서는 목동 '백중'의 이야기가 전해 내려와요. 하늘의 신이 거북에게 폭우를 내리라고 명령했대요. 그 사실을 안 백중이 신의 목소리를 흉내 내어 폭우를 물러가게 해서 풍년이 들었어요. 그러고는 신에게 벌 받을까 봐 두려워하며 스스로 목숨을 끊었다는 이야기랍니다.

백중 덕분에 풍년이 왔대. 그래서 풍년을 기원하려면 빠질 수 없는 제사가 바로 백중제래.

재미있는 놀이

백중놀이

장터에서 열리는 머슴들의 놀이를 뜻하는 말이었어요. 장터에서는 상인들이 씨름 대회를 열기도 했어요. 이때 이기는 머슴은 송아지를 상으로 받기도 했지요.

낄낄! 요술을 부리면 나처럼 힘을 안 들이고도 쉽게 들어 올릴 수 있는데…….

들돌 들기

들돌은 드는 돌이라는 뜻의 무거운 돌이에요. 옛날에는 힘을 기르기 위해 돌을 들었어요. 백중에는 들돌을 가장 높이 들어 올리는 시합을 벌여 힘이 센 사람을 가려냈어요. 이때 힘을 인정받은 청소년은 어른들과 함께 서로 일을 거들어주는 품앗이를 할 수 있었답니다.

영차 영차! 내가 제일 힘이 세다는 걸 보여줘야지.

백중 물맞이

백중날 계곡 폭포의 찬물을 맞으면, 피부병이 없어진다고 믿었어요. 이것을 백중 물맞이라 불렀지요.

이 달의 절기

처서 (양력 8월 23일경)
- 처서는 '더위를 처분한다'는 뜻을 가진 말이에요.
- 처서는 더위가 끝나고 선선한 가을이 시작되는 날이랍니다.

 처서에 비가 오면 흉년이래요

처서는 날씨가 무척 화창한 시기예요. 조상들은 평소와 다르게 처서에 비가 내리면, 곡식이 잘 자라지 못한다고 생각했답니다. 처서에 내리는 비를 '처서비'라고 해요.

 모기 입이 비뚤어져요

선선한 바람이 불기 시작하면서, 파리와 모기가 사라지기 시작해요. 조상들은 "처서가 지나면 모기도 입이 비뚤어진다."고 말하곤 했지요. 가을을 알리는 귀뚜라미 소리도 들을 수 있게 돼요.

 벌초를 해요

날씨가 선선해서 논두렁이나 산소의 풀을 깎는 벌초를 하기에 참 좋았답니다.

풀이 또 많이 자랐네.

백로 (양력 9월 8일경)

백로는 농작물에 흰 이슬이 내린다는 뜻이에요. 그만큼 기온이 내려갔음을 알려 주는 날이지요. 백로에는 높고 푸른 가을 날씨를 느낄 수 있답니다.

1 백로에 부는 바람은 벼농사를 망친대요

조상들은 백로에 부는 바람을 반갑게 여기지 않았어요. 벼농사에 해가 된다고 생각했기 때문이에요.

앗, 바람 불면 벼농사 망치는데!

2 백로 전에 벼가 익어야 해요

백로가 지나면, 날이 점점 추워져요. 그래서 조상들은 백로 전에 벼이삭이 익기를 바랐답니다. 백로 전까지 익지 않으면, 쭉정이가 되어 먹을 수 없었거든요.

3 새들의 움직임이 바빠져요

기러기가 날아오고, 제비가 강남으로 돌아가는 등 새들의 움직임이 바빠지는 시기예요. 날씨가 선선해지면서 새들이 살기 좋은 곳으로 옮겨 가는 거예요.

8월

8월

일	월	화	수	목	금	토
		1 음 6.15	2	3	4	5
6	7	8 입추 음 6.22	9	10 말복 음 6.24	11	12
13	14	15	16 음 7.1	17	18	19
20	21	22 칠석 음 7.7	23 처서 음 7.8	24	25	26
27	28	29	30	31		

9월

일	월	화	수	목	금	토
					1	2
3	4	5	6	7	8 백로 음 7.24	9
10	11	12	13	14	15 음 8.1	16
17	18	19	20	21	22	23 추분 음 8.9
24	25	26	27	28	29 추석 음 8.15	30

10월

일	월	화	수	목	금	토
1	2	3	4	5	6	7
8 한로 음 8.24	9	10	11	12	13	14
15 음 9.1	16	17	18	19	20	21
22	23	24 상강 음 9.10	25	26	27	28
29	30	31				

음력 8월은 가을이 시작되는 시기예요.
제법 쌀쌀한 기운이 감도는 날씨라서,
긴 윗도리와 긴 바지를 꺼내 입어야 해요.
논에는 노랗게 익어가는 벼 이삭들이 넘실대고,
벼 베기를 시작하는 곳도 있답니다.

즐거운 한가위

여름이네와 동우네가 한자리에 모였어요.
여름이 엄마는 쌀가루로 반죽을 만들었어요.
동우 엄마는 송편 속에 넣을 소로
깨, 콩, 밤을 준비했고요.

자, 누가 가장 예쁘게 만드나 보자!

조물조물, 이웃끼리 정답게 둘러앉아 송편을 빚었어요.
동희는 앙증맞은 깨 송편을, 여름이는 동글동글 밤 송편을,
동우는 올록볼록 콩 송편을 만들었지요.
새봄이만은 아직도 반죽만 주물럭거리고 있지 뭐예요.
그러다가 마침내 주먹만 한 송편을 들어보였답니다.

음력 8월 15일, 한가위가 궁금해!

음력 8월의 한가운데 있는 한가위

한가위의 '한'은 '크다'는 뜻이고, '가위'는 '가운데'라는 뜻이에요. 음력 8월의 가장 가운데에 있는 큰 날이라는 뜻으로 한가위라고 해요.

가을 달빛이 가장 좋은 밤이라서 '추석'이라고 부르는 거야.

베 짜기 시합날

옛날에는 한가위를 '가배일'이라고 부르기도 했어요. 신라 시대 유리왕 때 여인들이 두 편으로 나뉘어 백중날부터 베 짜기 겨루기를 했대요. 이 겨루기가 끝나는 날이 음력 8월 15일이었고요. 이때 진 편은 이긴 편에게 술과 음식을 내놓았는데, 이것이 한가위가 된 거예요.

친정 엄마를 만나는 날

옛날에는 시집간 딸이 친정에 가기 힘들었어요. 한가위에는 '반보기'라 하여 시집과 친정집의 중간 지점에서 친정 엄마를 만날 수 있었답니다.

나도 시집가면 엄마 못 보는 거야?

걱정 마, 옛날에 그랬다고!

한가위에는 누구나 신선

옛말에 '5월 농부, 8월 신선'이라는 말이 있어요. 음력 5월은 농사일이 바쁘지만, 한가위가 있는 음력 8월은 농사를 마무리 짓고 신선처럼 놀고 마시며 지낼 수 있다는 뜻이 담겨 있지요. 먹을 게 풍부하여 "더도 말고 덜도 말고 한가위만 같아라."라는 말도 생겼답니다.

더도 말고 덜도 말고 한가위만 같아라!

조상에게 성묘 가기

한가위에는 설날과 마찬가지로 조상에게 성묘를 갔어요. 산소에 가서 풀을 깎은 후 송편과 과일 등 여러 음식을 조상님께 올렸지요. 그리고 절도 올렸답니다.

조상님들, 맛있게 드세요!

우아, 예뻐라! 큰 명절에는 뭐니 뭐니 해도 새 옷이지! 설날에는 설빔! 추석에는 추석빔!

얼른, 너도 와서 절 해!

맛있는 음식

송편

햅쌀을 갈아 반죽하여 만드는 송편은 한가위의 대표 음식이에요. 솔잎을 넣고 찌기 때문에 '소나무 송' 자를 써서 '송편'이라 부른답니다.

토란국

추석에는 송편과 햇과일, 그리고 토란을 조상에게 올렸어요. 송편은 하늘을, 햇과일은 땅 위를, 토란은 땅 아래를 뜻해요. 즉 세상의 모든 열매를 조상에게 바친다는 뜻을 담고 있지요.

어디 한 번 해볼까?

송편 만들기

준비물: 멥쌀가루, 물, 깨, 설탕, 콩, 밤 등.

❶ 멥쌀가루에 따뜻한 물을 넣고 반죽을 한다.

❷ 깨를 볶아서 설탕과 함께 섞거나, 콩이나 밤을 익힌 소를 만든다.

❸ 반죽을 적당히 떼어 둥글게 한 후 소를 넣고 예쁘게 빚는다.

❹ 찜통에 솔잎을 얹고 푹 찌면 완성!

재미있는 놀이

가마싸움

나무로 만든 가마끼리 부딪쳐서 부서지는 쪽이 지는 거예요. 서당에 다니는 아이들이 주로 하는 놀이였지요. 가마싸움에서 이기면, 과거에 급제한다고 믿었어요. 또 씨름, 소싸움, 줄다리기와 같은 힘겨루기 시합이 많이 열렸어요.

강강술래

한가위에 보름달이 뜨면 여자들은 손에 손을 잡고 둥글게 돌며 노래를 불렀어요. 농사가 잘되기를 빌면서요.

어디 한 번 해볼까?

씨름 하기

 준비물: 모래판, 샅바

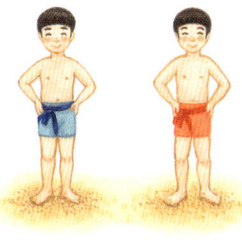

❶ 각각 홍색 샅바와 청색 샅바를 나누어 그림과 같이 허리에 두른다.

❷ 두 사람이 어깨를 맞댄 채 서로의 샅바를 양손으로 잡는다.

❸ 씨름이 시작되면 힘과 기술을 이용하여 상대방을 힘껏 넘어뜨린다.

❹ 상대방이 먼저 넘어지거나 손바닥으로 땅을 짚으면 이긴다.

이 달의 절기

추분 (양력 9월 23일경)
추분은 낮의 길이가 점점 짧아져서 밤과 낮의 길이가 같아지는 날이에요. 이 무렵 태풍이 불어오기도 한답니다.

1 추수를 해요

논과 밭에 심어 두었던 곡식을 거두어들여요. 벼, 콩, 팥, 수수 등 가을에 여무는 곡식을 모두 거두어들이지요.

2 벌레가 사라져요

여름 더위가 누그러들면서 벌레가 사라져요. 그래서 벌레들이 땅속으로 숨어 들어간다고 생각했어요. 또한 습도가 낮아지면서 날씨가 건조해져요.

> 그 많던 벌레들아, 어디 숨었니?

> 우리 부모님 오래오래 건강하게 살 수 있게 해 주세요.

> 에게, 달랑 사탕 한 개? 차린 것도 없이 소원을 빌면 어떡해!

3 오래 살기를 기원해요

'노인성제'라 하여 모든 사람이 오래 살기를 바라는 제사를 지내기도 했어요.

102

> ### 한로 (양력 10월 8일경)
> 공기가 선선해지면서 차가운 이슬이 맺히기 시작한다는 절기예요. 중양절과 비슷한 시기라서 풍속도 비슷해요. 단풍이 산과 들을 물들이기도 한답니다.

1. 추수를 마무리해요

농촌에서는 서리가 내리기 전에 할 일이 많아요. 한로가 되면 농부들은 익은 벼들을 모두 베어내느라 바쁜 하루를 보냈어요.

2. 국화로 음식을 해먹어요

중양절과 시기가 비슷하여 국화전을 부쳐 먹거나 국화주를 담가 마셨어요.

3. 기러기가 찾아와요

여름새인 제비가 따뜻한 강남으로 가고 겨울새인 기러기가 찾아와요.

4. 산수유를 꽂고 귀신을 쫓아요

우리 조상들은 머리에 붉은 산수유를 꽂으면, 나쁜 귀신을 쫓을 수 있다고 여겼어요.

9월

9월

일	월	화	수	목	금	토
					1	2
3	4	5	6	7	8 백로 음 7.24	9
10	11	12	13	14	15 음 8.1	16
17	18	19	20	21	22	23 추분 음 8.9
24	25	26	27	28	29 추석 음 8.15	30

10월

일	월	화	수	목	금	토
1	2	3	4	5	6	7
8 한로 음 8.24	9	10	11	12	13	14
15 음 9.1	16	17	18	19	20	21
22	23	24 상강 음 9.10	25	26	27	28
29	30	31				

11월

일	월	화	수	목	금	토
			1	2	3	4
5	6	7	8 입동 음 9.25	9	10	11 음 9.28
12	13 음 10.1	14	15	16	17	18
19	20	21	22 소설 음 10.10	23	24	25
26	27	28	29	30		

음력 9월에는 들판이 황금빛으로 물들어요.
농부들은 논과 밭에 심은 곡식들을 거두어들여요.
빨갛게 익은 고추를 햇볕에 말리기도 하고요.
산과 들에 아름답게 물든 붉은 단풍을
구경하러 다니기도 한답니다.

국화꽃 피는 중양절

"와, 너무 예쁘다!"
동희는 길가에 아름답게 핀 국화꽃을 보았어요.
노란 국화도 있고 붉은 국화도 있었답니다.
동희는 문득 조왕신 할머니와 또또가 생각났어요.
그래서 집 쪽으로 달려가 할머니와 또또를 불렀지요.

"짠!"
어느새 조왕신 할머니와 또또가 나타났어요.
동희는 할머니를 모시고 국화가 무리져 핀 곳으로 갔어요.
또또는 벌써 국화꽃 향기에 취해 정신이 없었답니다.

음력 9월 9일, 중양절이 궁금해!

9가 두 번 들어간 날

우리 조상들은 홀수를 좋은 숫자라고 여겼어요. 그래서 9월 9일, 중양절은 홀수가 두 번이나 겹친 아주 좋은 날이라고 생각했답니다.

9가 두 번 들어 있다고 해서, 중양절을 '중구일'이라고도 불러요!

시를 짓거나 과거 시험을 봤어요

옛날에는 중양절에 왕과 신하들이 모여 시를 짓거나 과거 시험을 보기도 했어요. 잔치를 벌이기도 했고요. 하지만 백성들은 서리가 내리기 전에 곡식을 거두어들여야 했어요. 너무 바빠서 중양절을 즐길 수 없었답니다.

더 이상 제비를 볼 수 없어요

봄에 왔던 제비가 따뜻한 남쪽으로 떠나요. 제비뿐만 아니라 여름 철새들이 모두 떠나고 겨울 철새들이 찾아와요.

제비야, 안녕! 내년에 우리 집에 또 와!

국화는 곧은 마음을 뜻했던 꽃이래.

국화를 사랑한 선비들

중양절 즈음에는 국화가 많이 폈어요. 선비들은 늦가을 서리가 내려도 꿋꿋하게 꽃을 피우기 때문에 국화를 사랑했어요.

재미있는 놀이

꽃놀이, 단풍놀이

중양절에는 꽃놀이와 단풍놀이를 즐겼어요. 산에 올라 아름다운 경치와 더불어 국화로 담근 술 국화주를 마시며 즐겁게 놀기도 했답니다.

답성놀이

전북 고창에서 즐겨 놀았어요. 돌을 머리에 이고 성곽 위를 도는 놀이예요. 한 번 돌면 다리 병이 낫고, 두 번 돌면 병 없이 오래 산다고 생각했어요. 세 번 돌면 좋은 곳으로 가서 다시 살 수 있다고 믿었답니다.

어디 한 번 해볼까?

국화차 만들기

 준비물: 국화, 꿀

① 국화를 따서 깨끗하게 씻은 뒤 말린다.

② 꿀과 말린 국화를 번갈아 넣는다.

③ 3~4주 정도 그대로 둔다.

④ 뜨거운 물에 한두 스푼 넣으면 향긋한 차를 마실 수 있다.

이달의 절기

상강 (양력 10월 24일경)

서리가 내리기 시작한다는 상강에는 모든 농사일을 마무리해야 해요. 밤이 되면 추워서 과일이나 채소가 얼어 죽을 수도 있거든요.

1. 겨울잠 잘 준비를 시작해요

조상들은 상강에서 입동까지 나무와 풀이 누렇게 변하여 떨어진다고 여겼어요. 그리고 벌레들이 겨울잠을 자러 땅에 숨는다고 생각했답니다.

2. 첫 얼음이 얼기도 해요

기온이 꽤 내려가기 때문에 추운 지역에서는 첫 얼음이 얼기도 해요.

3. 한해의 농사를 마무리해요

밤, 감과 같은 과일을 따고, 누렇게 익은 호박도 따요. 서리가 내리기 전에 고구마와 땅콩도 캔답니다. 이렇게 한해의 농사를 마무리했어요.

입동 (양력 11월 8일경)

입동은 겨울이 시작되는 절기예요. 우리 조상들은 입동날 추우면 그해 겨울은 몹시 춥다고 생각했어요.

1. 나무와 풀들이 모두 잎을 떨구어요

입동 때에는 산의 나무가 이파리를 모두 떨어뜨려요. 들의 풀들도 말라 가고요.

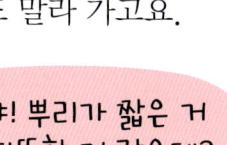

"올 겨울은 엄청 추울 것 같아."

"아니야! 뿌리가 짧은 거 보니, 따뜻할 거 같은데?"

2. 무와 배추를 뽑고 점을 쳤어요

밭에 심어 두었던 무와 배추를 뽑아 김장 준비를 해요. 김장을 하려고 뽑은 무 뿌리가 길면 다가올 겨울이 무척 춥고, 짧으면 따뜻할 거라고 여겼답니다.

3. 보리 씨 뿌리기를 끝내요

'입동 전 보리씨에 흙먼지만 날려 주오.'라는 속담이 있어요. 입동 전에 보리씨를 모두 뿌려야 한다는 말이에요. 보통 음력 10월 중순에 보리씨를 뿌린답니다.

4. 노인들을 위한 잔치를 벌여요

'치계미'라는 풍습이 있었어요. 음식을 준비하여 동네 할아버지, 할머니들을 모시고 잔치를 벌이는 거예요.

10월

음력 10월은 겨울을 준비하는 달이에요. 차가운 바람이 불고 낙엽이 떨어지지요. 이때가 되면 겨울을 따뜻하게 보내기 위해 열심히 땔감을 구하러 다녔어요. 또한 김장을 담그는 등 겨울 나기 준비로 바빴답니다.

오손도손 김장 날

오늘은 새봄이네 김장 날이에요.
동희네 가족이 도우러 왔어요.
새봄이 엄마와 동희 엄마는
오손도손 김장을 담그었어요.
새봄이는 마냥 신이 났지만,
동희는 하나도 재미없었어요.

난 김치 싫은데……. 매워! 맛없어!

와, 맛있게 생겼다!

한쪽에서는 새봄이 아빠가 은박지에 싼 고구마를 구웠어요.
김장이 끝나갈 무렵 새봄이 아빠는 구운 고구마를 꺼냈어요.
새봄이네와 동희네 가족은 김이 모락모락 나는 고구마와 함께
막 담근 김치를 맛있게 먹었답니다.

새로 담근 김치라 역시 맛이 좋아.

음력 10월에 하는 김장이 궁금해!

땅 속에 보관하는 김장 김치

겨울이 오기 전에는 김치를 많이 담가 겨울 동안 먹었어요. 이것을 김장이라고 해요. 김치는 항아리에 차곡차곡 넣은 후 땅에 구덩이를 파고 보관했어요. 그러면 땅 속에서 김치가 얼지 않아 맛있게 먹을 수 있었거든요.

우아, 맛있겠다! 나 한 입만!

흐음, 역시 김치는 냉장고가 아니라 땅 속에 보관해야 제맛이야!

김장은 한꺼번에 김치를 많이 담그는 것을 말해.

이웃끼리 김장 하기

겨울 내내 먹으려면, 많은 양의 김치를 담가야 했어요. 그래서 이웃끼리 오손도손 도우며 김장을 했지요.

고춧가루를 사용하면서 오늘날의 김치 색깔이 된 거야. 고추가 우리나라에 들어온 건 조선 시대 후기야.

원래는 고춧가루를 쓰지 않았다고?

삼국 시대부터 만들어 먹은 김치는 사실 소금에 절인 배추였다고 해요. 소금물에 담근다는 뜻으로 김치를 '침채'로 불렀지요. 이후 '딤채'로 부르다가 세월이 흐르며 오늘날의 '김치'라고 부르게 되었어요. 오늘날의 백김치와 비슷하답니다.

여러 가지 김치의 종류

김치는 종류가 다양하고 지역마다 특별한 김치도 있어요. 주로 배추와 무로 김치를 담그어요. 더불어 우리 주변에 나오는 채소를 가지고도 김치를 만들어 먹었답니다.

맛있는 음식

지역마다 다른 김치

김치는 지역에 따라 맛이 달라요. 추운 북쪽 지방 김치는 싱겁고 담백해요. 따뜻한 남쪽에서는 젓갈과 마늘, 생강, 고춧가루 등의 양념을 많이 넣어 짜요. 따뜻한 곳에서는 짜게 해야 김치를 두고두고 먹을 수 있었거든요.

무동치미

충청도 지방에서 유명한 무동치미는 고춧가루를 푼 육수 김칫국물에 무를 통째로 담가 만든 김치예요.

고들빼기 김치

고들빼기를 소금물에 불려 쓴 맛을 없애고 양념에 버무려 담근 김치예요.
전라도 지방에 내려오는 김치예요.

가지김치

여름철 나는 가지를 소금에 절였다가 오이소박이처럼 칼집을 내어 양념을 넣어 먹는 김치예요. 전라도, 경상도 등 남쪽 지방에서 먹었어요.

동지김치

동지김치는 제주도에서 먹는 김치예요.
배추나 무의 꽃대로 담그어요. 김장이 다 떨어지는 이른 봄철에 담그어 먹는답니다.

어디 한 번 해볼까? 배추김치 만들기

 준비물: 배추, 굵은 소금, 무, 미나리, 쪽파, 고춧가루, 마늘, 젓갈, 생강 등

❶ 배추를 4등분 하여 나눈 후 배추 사이사이에 굵은 소금을 넣고 절인다.

❷ 무, 미나리, 쪽파 등을 썰고 고춧가루 등 양념과 함께 버무려 소를 만든다.

❸ 절인 배추 사이사이에 소를 넉넉히 넣어준다.

❹ 맛있는 김치 완성!

이달의 절기

소설 (양력 11월 22일경)

겨울을 맞이하여 처음으로 눈이 온다는 날이 바로 '소설'이에요. 겨울 바람이 불고 얼음이 얼기 시작하는 때이지요.

1. '작은 봄'이라고도 불러요

소설에는 아직 따뜻한 햇살이 남아 있어요. 그래서 '소춘', 즉 '작은 봄'이라고 불렀답니다.

그래도 햇살이 비추니까 그나마 춥지 않네!

2. '손돌바람'이 불어요

바람이 심하게 불고 날씨도 추워져요. 소설 날 부는 큰 바람을 '손돌바람'이라 불러요. 이날 어부들은 배를 띄우지 않는답니다.

3. 소 먹이를 모아요

소가 겨울 동안 먹을 수 있게 먹이를 마련해 두었어요. 보통 추수를 끝내고 놔둔 볏짚을 모아다가 쇠죽을 끓였답니다.

4. 채소를 말려요

겨울 동안 먹을 시래기를 엮어 달았어요. 무, 호박 등도 썰어 말렸답니다.

대설 (양력 12월 7일경)

대설은 '눈이 가장 많이 내린다.'는 뜻을 담고 있어요. 한겨울이지만 보관해 놓은 곡식을 먹을 수 있어서 끼니 걱정을 하지 않았답니다.

눈이 많이 와야 풍년이 들어요

대설에 눈이 많이 오면, 따뜻한 겨울을 보낼 수 있다고 생각했어요. 또한 새해에 풍년이 들 거라 믿었답니다.

엄마 아빠, 그동안 농사짓느라 고생 많으셨어요!

농부들도 쉬어요

'농한기'라 하여 농부들이 1년 농사를 모두 마무리하고 쉬어요. 그리고 새해를 맞이할 준비를 해요.

'눈은 보리의 이불'이에요

눈이 많이 내리면 보리밭 역시 눈밭으로 변해요. 이때 오는 눈은 보리를 덮어 따뜻하게 해준다고 여겼어요. 그래서 눈이 많이 와야 보리 풍년을 맞을 수 있다고 생각했지요.

11월

11월

일	월	화	수	목	금	토
			1	2	3	4
5	6	7	8 입동 음 9.25	9	10	11 음 9.28
12	13 음9.29	14 음 10.1	15	16	17	18
19	20	21	22 소설 음 10.10	23	24	25
26	27	28	29	30		

12월

일	월	화	수	목	금	토
					1	2
3	4	5	6	7 대설 음 10.25	8	9
10	11	12 음 10.30	13 음 11.1	14	15	16
17	18	19	20	21	22 동지 음 11.10	23
24/31	25	26	27	28	29	30

1월

일	월	화	수	목	금	토
	1	2	3	4	5	6 소한 음 11.25
7	8	9	10	11 음12.1	12	13
14	15	16 음.12.6	17	18	19	20 대한 음 12.10
21	22	23	24	25	26	27
28	29	30	31			

음력 11월은 추운 날씨 때문에 농사를 짓기보다는 집안에서 이것저것 하는 일이 늘어나는 때예요. 가을에 거둔 곡식들을 잘 말리거나 보관하고, 땔감을 구해 쌓아두는 등 집안 곳곳을 손질했답니다. 남자들은 짚으로 새끼를 꼬아 가마니를 만들기도 했어요.

팥죽 먹는 동지

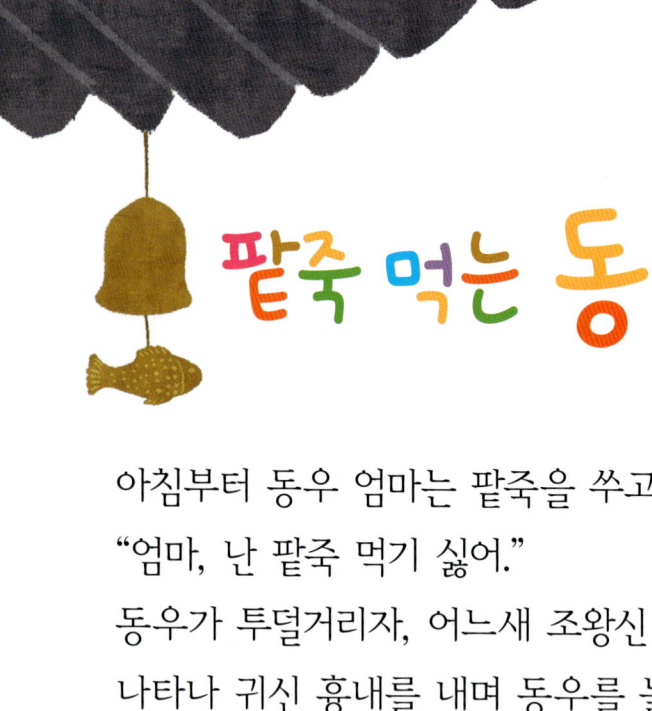

아침부터 동우 엄마는 팥죽을 쑤고 있어요.
"엄마, 난 팥죽 먹기 싫어."
동우가 투덜거리자, 어느새 조왕신 할머니가
나타나 귀신 흉내를 내며 동우를 놀렸어요.
동우가 몸을 움츠리자 또또가 웃으며 말했어요.
"하하, 정말 귀신이 무서운가 보네?"
"아, 아니야!"

팥죽이 싫으면 귀신이 찾아온다!

귀, 귀신이요?

"팥죽을 먹으면 병을 몰고 오는 나쁜 귀신을
쫓아낼 수 있어. 싫으면 어쩔 수 없고!"
조왕신 할머니가 동우를 보며 말했어요.
동우는 엄마가 팥죽을 들고 들어오자
열심히 먹기 시작했어요.
그것도 두 그릇이나 말이에요.

음력 11월 5일, 동지가 궁금해!

동지는 밤이 가장 긴 날

동지는 1년 중에서 밤이 가장 긴 날이에요. 동지가 지나면 점차 낮이 길어져요. 조상들은 낮이 길어지는 모습을 보고, 태양이 기운을 찾아 새로 태어난다고 생각했어요. 새로운 해가 열린다는 뜻에서 '작은 설'이라고 부르기도 했답니다.

> 동지는 만물이 다시 살아나는 날이라 생각했어. 그래서 고기를 잡거나 사냥을 하지 않았단다.

> 아참, 오늘이 동지지!

> 동짓날 새 버선을 신으면 장수한다고 생각했단다.

> 복조리를 만들어서 부뚜막에 올려놓고 복도 빌었대요.

> 새 버선 신고, 뛰어 보자 팔짝! 아……. 이 노래가 아닌가?

동지는 '만들기' 하는 날

동지에는 날이 추워서 집 안에서 새해맞이 준비를 했어요. 여인들은 복조리나 복주머니를 만들었어요. 남자들은 짚신이나 망태기를 만들었고요. 특히 며느리들은 시부모님께 드릴 버선을 만들었어요.

새 달력 나누어 주기

조선 시대에는 동지에 나라에서 새 달력을 만들어 신하들에게 나누어 주었어요. 달력을 주고받으며 새로운 날이 시작된다고 생각했지요. 달력에는 임금님의 도장이 찍혀 있었답니다.

팥죽 쑤어 먹기

동짓날에는 팥죽을 쑤어 먹었어요. 빨간 팥으로 죽을 쑤면, 나쁜 귀신들을 멀리 쫓을 수 있다고 여겼어요. 뿐만 아니라 겨울에 추위를 타지 않는다고 믿었답니다.

이렇게 '뱀 사(蛇)'라는 글자를 벽이나 기둥에 거꾸로 붙여놓았어. 나쁜 귀신이 오지 말라고 말야.

아이, 추워. 추워도 너무 추워!

야호, 이렇게 추운 걸 보니, 내년엔 풍년이겠네!

풍년이 드는 동지 추위

동짓날에는 매섭게 추워야 다음 해에 풍년이 들 거라고 믿었어요. 하지만 날씨가 따뜻하면 흉년이 들고 전염병이 돈다고 생각했지요.

맛있는 음식

팥죽

동짓날에는 붉은 팥으로 만든 팥죽을 먹었어요. 팥을 넣고 푹 삶은 후, 불린 쌀을 넣고 함께 끓였답니다. 찹쌀가루를 동그랗게 반죽한 새알심을 넣어 끓이기도 했어요.

메주 만들기

간장이나 된장, 고추장을 만드는 데는 '메주'가 꼭 필요해요. 동지 즈음에는 메주를 만드느라 바빴어요.

이달의 절기

동지 (양력 12월 22일경)

동지는 1년 중 낮이 가장 짧고, 밤이 가장 긴 절기예요. 동지를 중심으로 낮이 길어지기 때문에 사실상 새해를 알리는 날로 여겼답니다.

1. 동지의 이름은 세 개예요

동지는 언제, 어느 때냐에 따라 이름이 조금씩 달라졌어요. 음력 11월 초면 '애동지', 중순이면 '중동지', 그믐 즈음이면 '노동지'라 불렀거든요.

애동지, 중동지, 노동지! 동지는 이름이 세개나 되네.

2. 팥죽을 사방에 뿌려요

팥죽이 나쁜 귀신을 쫓을 뿐만 아니라, 병도 막아 준다고 생각했어요. 전염병이 유행할 때에는 팥을 우물에 뿌려 넣기도 했어요. 그렇게 하면 물이 맑아지면서 병도 없어진다고 믿었지요.

3. 나이 수대로 새알심을 먹어요

팥죽에 넣는 동그란 찹쌀 반죽을 '새알심'이라 불렀어요. 새알심을 나이 수대로 먹어야 한 살을 더 먹는 거라 믿었답니다.

소한 (양력 1월 6일경)

소한은 작은 추위라는 뜻이에요. 작은 추위라고 불리기는 하지만, 우리나라에서는 가장 추울 때이기도 해요.

작은 추위가 매서워요

'대한이 소한의 집에 가서 얼어 죽는다.'라는 말이 있어요. 소한 다음에 오는 절기인 '대한', 즉 큰 추위보다 소한이 더 춥다는 뜻을 담고 있지요.

날씨가 추워서 그런지 고드름도 엄청 길게 달렸어!

으~~ 추워!

무서운 추위를 대비해요

보통 소한부터 입춘까지는 바깥 일이 별로 없어요. 그래서 추위에 대비하여 땔감이나 먹을거리를 충분히 준비하곤 했지요.

날씨가 점점 추워질 텐데, 땔감을 너무 적게 준비한 거 아냐?

요즘은 보일러가 있어서 땔감이 필요 없어요. 아빠가 나중에 저 땔감으로 고구마를 구워 드신대요.

세상 참 좋아졌네! 그런데 군고구마는 언제 구워 먹을 건데?

12월

12월

일	월	화	수	목	금	토
					1	2
3	4	5	6	7 대설 음 10.25	8	9
10	11	12 음 10.30	13	14	15	16
17	18	19	20	21	22 동지 음 11.10	23
24/31	25	26	27	28	29	30

1월

일	월	화	수	목	금	토
	1	2	3	4	5	6 소한 음 11.25
7	8	9	10	11 음12.1	12	13
14	15	16 음.12.6	17	18	19	20 대한 음 12.10
21	22	23	24	25	26	27
28	29	30	31			

2월

일	월	화	수	목	금	토
				1	2 음 12.22	3
4 입춘 음 12.25	5	6	7	8	9 음 12.30	10 설날 음 1.1
11	12	13	14	15	16	17
18	19 우수 음 1.10	20	21	22	23	24
25	26	27	28	29		

음력 12월은 눈도 많이 내리고 추운 날씨도 계속 돼요.
이 때는 한 해를 마감하고 새해를 맞느라 바빴어요.
또한 설을 맞아 차례 준비를 해야 했지요.
설 음식도 장만하고 새 옷도 마련하는 등
모두 부지런하게 움직였답니다.

마지막 날 섣달그믐

오늘은 섣달그믐, 조왕신 할머니가 하늘로 가신 지 7일째예요.
24일 밤에 조왕신 할머니는 동우 남매에게 말했어요.
"하늘에 계신 옥황상제님을 만나러 가야 돼.
너희 집에서 한 해 동안 있었던 일을 알리는 날이거든."
동우가 시계를 보니 자정이 가까워지고 있었어요.
또또가 촛불을 가져와 하늘을 향해 휘휘 휘저었어요.

조왕신 할머니! 여기예요, 여기!

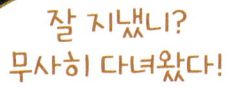

동우도 이 방, 저 방을 돌아다니며 불을 켜기 시작했어요.
"이렇게 불을 밝히면 할머니가 우리 집을 잘 찾을 거야."
동우와 동희는 손전등도 가져와 또또와 함께 하늘을 비추었어요.
그때 저 멀리 조왕신 할머니의 환하게 웃는 모습이 보였어요.
집으로 돌아온 할머니는 하늘에서 있었던 이런 저런 이야기를
재미있게 들려 주었답니다.

음력 12월 마지막 날, 섣달그믐이 궁금해!

묵은세배를 하는 날

섣달그믐에도 설날처럼 세배를 했어요. 이때의 세배를 '묵은세배'라고 해요. 한 해가 무사히 간다는 뜻에서 어른들에게 드리는 인사였지요.

> '섣달'은 12월을 뜻하고 '그믐'은 마지막 날을 뜻하는 말이래.

나쁜 일을 없애는 날

섣달그믐밤을 '제석'이나 '제야'라고 불렀어요. 지나간 해의 나쁜 일과 괴로웠던 일을 없앤다는 뜻을 담고 있어요.

조왕신이 옥황상제에게 보고하는 날

예로부터 조상들은 음력 12월 24일 밤이 되면, 부엌의 신인 조왕신이 옥황상제에게 한 해 동안 그 집안에서 있었던 나쁜 일과 좋은 일 모두를 조목조목 알린다고 믿었어요. 그래서 섣달그믐 전부터 조왕신에게 제사를 지내기도 했지요.

> 조왕신이 나쁜 일을 알리지 못하도록 엿을 발라 놓기도 했대. '꿀 먹은 벙어리'처럼 되기를 바란 거지.

> 섣달그믐이 되면 조왕신이 돌아올 때 길을 잃지 말고 잘 찾아오라고 집 안 곳곳에 불을 켜 두었어.

잠을 자면 눈썹이 하얗게 된다고?

섣달그믐 밤에 잠을 자면 눈썹이 하얗게 되거나 굼벵이가 된다는 이야기가 있었어요. 묵은해가 가는 것을 지켜봐야만 새해를 일찍 맞이할 수 있다는 뜻이었지요.

히히, 내가 눈썹에 밀가루를 뿌렸거든!

앗, 섣달그믐에 잤더니 눈썹이 하얗게 됐어!

맛있는 음식

만둣국

섣달그믐에는 만두를 먹어야 나이 한 살을 더 먹는다고 여겼어요. 저녁에 만둣국을 올려 차례를 지내기도 했어요. 이것을 '만두 차례'라고도 불렀답니다.

재미있는 놀이

수세

섣달그믐에 집 안 곳곳 불을 밝히고 잠을 자지 않는 것을 '수세'라고 했어요. 마루, 방, 변소(화장실)까지 모두 불을 켜놓은 채 잠을 자지 않고 윷놀이 등을 하며 졸음을 쫓았지요.

어디 한 번 해볼까?

제기 만들기

 준비물: 병뚜껑, 고무줄, 한지, 가위

❶ 한지를 넓게 펼친 후 중앙에 병뚜껑이나 동전을 놓는다.

❷ 병뚜껑을 감싸듯 한지를 싼 후 중심 부분을 고무줄로 묶는다.

❸ 한지 부분을 세로로 가위질하여 술을 만든다.

❹ 제기 완성! 발 안쪽을 이용하여 제기를 차며, 많이 차는 사람이 이긴다.

이달의 절기

대한 (양력 1월 20일경)

마지막 절기인 대한은 '큰 추위'를 뜻하는 말이에요. 하지만 우리나라에서는 소한이 대한보다 더 추울 때도 많답니다.

1. '소한의 얼음이 대한에 녹는다.'

입동에서 소한까지는 추위가 계속되다가 대한부터는 서서히 풀리기 시작한다고 생각했어요. 그리하여 '소한의 얼음이 대한에 녹는다.'는 속담을 쓰기도 했답니다.

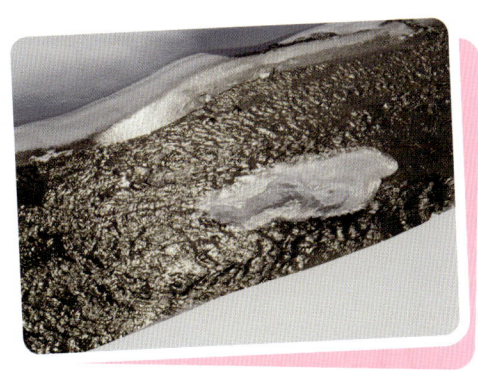

2. 제주도에서는 집을 고치거나 이사를 했어요

제주도에서는 대한 후 5일부터 입춘 전 3일, 즉 일주일 동안에만 집을 고치거나 이사를 했어요. 그 시기에는 집안의 신들이 모두 하늘로 올라가기 때문에 집을 고치거나 이사를 가도 나쁜 일이 생기지 않는다고 여겼지요.

3. 농기구를 손질했어요

농사를 쉬는 절기였기 때문에 한가했어요. 그래서 봄에 다시 사용할 수 있도록 농기구들을 깨끗이 손질했지요.

깨끗이 손질해서 봄에 다시 써야지.